처음 배우는
우리 꽃 자수

* 이 책에 쓰인 전체 실번호

DMC사의 25번 면사(십자수용) 총 139개

White	151	153	155	156	157	164	165	208	209	210	211
223	301	304	309	316	319	320	333	335	340	341	347
351	352	353	367	368	369	370	371	422	471	472	505
520	522	523	524	553	554	561	562	563	564	602	603
604	612	725	726	727	728	738	744	745	746	760	761
762	772	782	794	799	800	809	818	819	826	827	834
839	840	841	844	935	961	962	963	987	988	989	3011
3012	3013	3041	3042	3046	3052	3053	3328	3345	3346	3347	3348
3350	3354	3362	3363	3364	3608	3609	3687	3688	3689	3708	3712
3713	3721	3722	3731	3733	3740	3746	3747	3756	3781	3782	3790
3807	3820	3821	3822	3823	3828	3831	3832	3833	3834	3836	3838
3839	3840	3841	3852	3853	3865	3866					

8가지 기본 자수 기법과 41가지 작품으로 만나는

처음 배우는
우리 꽃 자수

정지원 지음

한스미디어

어느 날부턴가 나무, 풀, 꽃에 눈이 갔습니다. 밤마다 식물도감을 보며 나무와 꽃의 이름을 공부하다 잠이 들곤 했지요. 꽃과 나무를 찾아 산으로 들로 다녔습니다. 숲은 하나의 공동체 같았습니다. 가끔 새가 지저귀고 바람에 나뭇잎이 스치는 소리가 들려올 뿐 고요했습니다. 가만히 귀를 기울이면 조화로운 생명의 교향곡이 흐르는 듯했습니다. 커다란 나무 아래 이름 모를 풀과 꽃이 사이좋게 옹기종기 피어 있었습니다. 식물들은 햇빛을 받아 부지런히 광합성을 하였고 때가 되면 꽃을 피워냈습니다. 그들은 아무 말도 없이 다만 '스스로 그러하게' 존재하며 빛나고 있었습니다. 순간순간이 경이로웠습니다. 식물들과 언어로 대화할 수는 없었지만 광활한 우주의 '창백한 푸른 점'인 지구라는 공간에 함께 살고 있다는 생각에 가슴 깊이 무언가 충만한 느낌이 들었습니다. 어떤 목적도 계획도 없이 그저 숲이 좋아서, 꽃이 좋아서, 나무가 좋아서 다닌 시간이었습니다.

그때 한 지인이 그렇게 무엇을 '좋아하기만 하면서' 시간을 허비하지 말고 '생산적인' 결과를 만들어보라고 조언한 적이 있습니다. 그 말을 듣고 가만히 생각해보니 저는 생산과는 거리가 먼 사람이었습니다. 어떤 것을 보고 감동하고 향유할 줄만 알았지 그로부터 무언가 새로운 것을 도출할 줄 몰랐지요. 그럴 필요성도 느끼지 못했습니다. 그저 좋아하는 것을 좋아할 뿐이었습니다. 지인의 말을 듣고 '내가 지금 하는 나의 활동이 어떤 결과물을 만들어낼 수 있다면 식물에 관한 책 한 권 정도가 되어도 좋겠다'고 생각했습니다.

저는 평소 박물관 및 문화유산 답사를 즐겨 가서 전통 공예에도 관심이 많았습니다. 그중 자수는 학창 시절에 배운 적이 있었기에 취미로 해볼 만하다고 생각했습니다. 그러다 우연히 야생화 자수를 접했습니다. 설레었습니다. 내가 만나서 사진을 찍고 마음에 담아두었던 꽃을 자수로 표현할 수 있다는 것이 운명처럼 느껴졌습니다. 그렇게 꽃을 수놓기 시작했습니다. 처음엔 야생화 자수를 전문적으로 가르치는 곳이 없어 예전에 조금 배운 생활 자수를 토대 삼아 독학으로 공부했습니다. 도서관에 있는 자수 책을 탐독했고, 제가 그동안 촬영하고 기록한 자수 공예품을 관찰하고 분석하며 수놓는 법을 터득했습니다. 독학이다 보니 때때로 벽에 부딪혔고, 자수의 근본을 갖추고자 전통 자수를 배우게 되었습니다. 이후 자수의 원리에 대하여 더욱 고민하면서 발전할 수 있었습니다.

기존 자수에서 꽃은 자수의 일부로 장식되었습니다. 그 종류도 모란이나 장미 등 화려한 꽃에 국한된 편이었지요. 그런데 최근 해외뿐 아니라 국내에서도 다양한 들꽃을 세밀화처럼 섬세하게 수놓는 사람들이 하나 둘 생겨나면서 '야생화 자수'라는 새로운 하위 장르가 생겼습니다. 우리 산이나 들에서 흔히 볼 수 있는 소박하고 수수한 들꽃의 아름다움이 자수로 표현되고, 여기에 많은 사람이 공감하게 된 것이지요. 요즘에는 점차 표현 폭이 확대되어 들꽃뿐 아니라 원예종 등 모든 꽃과 식물을 다루므로 '꽃 자수'라는 명칭이 더 타당할 것 같습니다. 이 책에서는 야생화뿐 아니라 가로수로 만나는 꽃, 원예종 등 꽃을 중심으로 식물 전반을 자수로 그려내었습니다.

좋은 책을 만들고 싶었지만 그 과정이 마음만큼 쉽지 않았습니다. 아쉬움이 남지만 나름대로 꽃 자수의 원리와 방법을 상세하게 책에 담고자 하였습니다.

책은 크게 3부로 나누었습니다. 먼저 수를 놓기 전 준비 사항과 알아야 할 것 등을 소개했고, 다음으로 꽃 자수에 주로 사용되는 수법과 이를 바탕으로 꽃을 수놓는 과정을 설명했습니다. 자수를 처음 접하는 이들도 이해하기 쉽게끔 기초 수법에 많은 면을 할애했습니다. 각 수법의 개념과 적용 사례를 모두 세부 과정 사진으로 하나하나 담았으니 기초를 탄탄히 하여 이 책에 나온 자수뿐 아니라 다른 자수를 놓을 때에도 도움이 되길 바랍니다. 실전 자수는 쉬운 것부터 어려운 것까지 다양한 꽃을 단계별로 구성했습니다. 꽃을 수놓아서 생활 소품으로 활용하는 데 참고가 될 수 있도록 소품으로 마련해보았습니다. 그동안 자수를 배우고 싶어도 기회가 닿지 않았던 이들에게, 비용이 부담스러워 주저했던 이들에게 이 책이 좋은 길라잡이가 되었으면 좋겠습니다.

책을 내기까지 고마운 분들이 많습니다. 제 곁에는 사람이 꽃보다 아름답다는 명제를 깨우쳐 준 분들이 많이 계십니다. 삶의 스승이 있다는 것, 자신을 되돌아볼 거울이 되는 존재가 있다는 것은 큰 행운일 것입니다. 가끔 길을 잃었을 때 그분들을 통해 더불어 사는 삶의 지혜를 배웁니다. 그분들께 제 마음이 이심전심으로 전해지길 바랍니다. 아울러 이 책의 출간을 결정해준 한스미디어 출판사에도 고마움을 표하고 싶습니다. 특히 제가 작품에 담고 싶었던 가치와 지향성에 공감해준 이나리 편집자님, 고맙습니다.

좀 더 빠르게, 좀 더 많이, 좀 더 효율을 요구하는 현대 기계문명 시대에 손 자수는 외면받는 공예일 것입니다. 하지만 거기엔 수를 놓는 사람의 따스한 마음과 정신이 깃들어 있습니다. 그것은 돈으로 쉬이 재단할 수 없습니다. 모든 것이 빠르게 지나가고 변하는 시대에, 느리게 수를 놓는 시간이 명상과 같은 치유의 시간이 되길 바랍니다. 한 땀 한 땀 손끝에서 꽃이 피어나고 새 생명의 싹이 틀 것입니다. 이 책을 읽는 독자들이 산이나 길을 지날 때 발아래 핀 작은 꽃을 고개 숙여 가만히 들여다보며 이름도 찾아보고 수를 놓을 생각도 하게 된다면 좋겠습니다. 그리하여 누군가의 삶이 반짝반짝 빛나고 윤기 있어진다면 그것은 제게도 기쁨일 것입니다.

차례

PART 1

자수의 기초

도구

실

자수 실은 재질에 따라 견사, 면사, 폴리사 등이 있습니다. 실의 선택은 작품의 용도나 특징에 따라 달라집니다. 전통 자수에서는 견사를 사용하고, 생활 자수에서는 면사를 사용합니다. 면사는 가격이 저렴하고 세탁이 용이하다는 장점이 있습니다. 면사의 브랜드는 DMC, 앵커 등이 있습니다. 이 책에서는 DMC사의 25번 면사(십자수용)를 사용합니다. 25번 면사는 한 묶음이 6올로 되어 있으니 필요한 만큼 1올씩 뽑아서 사용합니다.

* 적당한 실의 길이: 한 번에 사용할 실 길이는 손끝에서 팔꿈치까지의 길이 (약 40cm)가 적당합니다.

바늘

자수용 바늘은 귀가 가늘고 길이가 짧은 것이 적당합니다. 바늘이 짧아야 실 소모도 적고, 수놓기도 편합니다. 바늘귀와 바늘이 가늘어야 원단의 손상이 적고 섬세한 작업이 가능합니다. 추천 바늘은 퀼팅 8호와 9호입니다.

* 바늘이 녹슬면 바느질이 어려워지므로 사포로 녹을 닦아서 쓰거나 새 바늘로 교체합니다.
* 자수용 바늘은 작아서 잃어버리기 쉬우니 항상 바늘방석에 꽂아두는 습관을 들입니다.

실 가위

자수용 실 가위는 끝이 뾰족한 게 좋습니다. 수를 놓고 난 뒤 원단 가까운 곳에서 실을 잘라야 하기 때문입니다. 실 가위를 따로 마련하도록 하고, 없으면 손톱 정리용 가위도 추천합니다.
그 외에도 원단용, 문구용 등 용도별로 가위를 분류하면 가윗날의 손상이 적어서 오랫동안 사용할 수 있습니다.

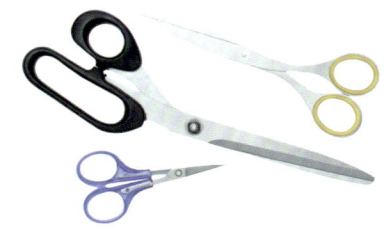

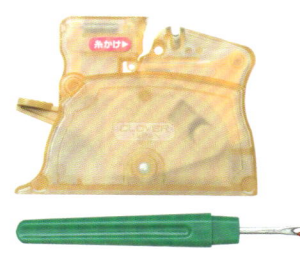

실 끼우개와 실 뜯개

자수용 바늘은 바늘귀가 매우 작아서 실을 끼우기 어려우므로 따로 실 끼우개를 사용하면 편리합니다. 실 뜯개는 수를 잘못 놓았을 때 가위로 자르기 어려운 부분을 뜯을 때 사용합니다. 이미 놓은 수를 뜯으면, 원단도 상하고 도안도 흐려지므로 가능한 한 실을 뜯지 않도록 합니다.

필기구

① **피그먼트펜**

　볼펜이나 수성펜처럼 색이 번지거나 손에 묻지 않아서 트레싱지에 도안을 그릴 때 사용하면 편리합니다.

② **볼펜**

　원단에 먹지를 대어 도안을 그릴 때 사용합니다.

③ **기화펜**

　원단에 그린 후 일정 시간이 지나면(몇 분에서 몇 시간) 색이 사라집니다. 색깔은 보통 보라색입니다. 주로 수결 표시용으로 사용합니다.

④ **초크펜**

　보라색이나 파란색 펜을 사용하기 어려운 어두운 천에 수를 놓는 경우, 수결을 표시하거나 도안을 수정할 때 사용합니다. 여러 색이 있으나 흰색이 가장 활용하기 좋습니다.

⑤ **수성펜**

　파란색 펜으로 물에 닿으면 지워집니다. 도안을 그리거나 수정할 때 사용합니다. 사용 후 장기간 방치하면 천 색이 변하므로 주의합니다.

⑥ **연필**

　도안을 그리거나 수정할 때 사용합니다.

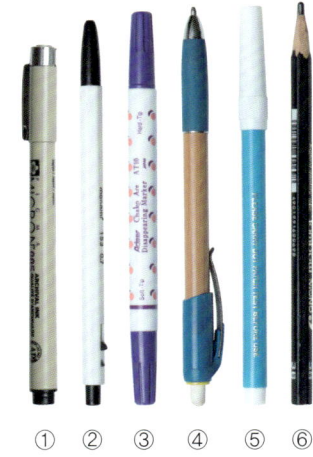

①　②　③　④　⑤　⑥

수틀

수틀의 모양에 따라 원형과 사각형이 있습니다. 원형은 작은 그림, 사각형은 원형 수틀을 사용할 수 없는 큰 그림을 수놓을 때 사용합니다. 이 책의 도안은 모두 원형 수틀을 사용하면 됩니다. 재질은 나무와 플라스틱이 있는데 나무가 더 좋습니다. 플라스틱은 고정하는 힘이 약하고 잘 미끄러지기 때문입니다.

처음에는 가장 사용 빈도가 높은 15~18cm 정도가 적당합니다. 이후에 더 작은 것, 더 큰 것 등 크기별로 갖추면 편리합니다.

* 작은 드라이버가 있으면 원단을 튼튼하게 고정할 수 있어 유용합니다.

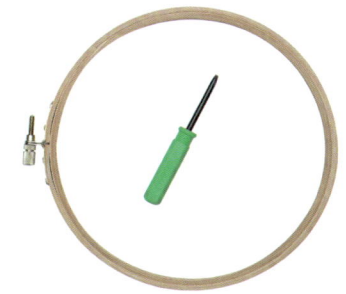

트레싱지와 OPP 필름

원단에 도안을 옮길 때 사용합니다. 트레싱지에 도안을 그려서 원단에 옮기면 도안 외 공간이 비치므로 구도를 잡기 좋습니다. 프린트한 도안을 바로 사용할 때는 프린트한 종이 위에 OPP 필름(상품 포장용 비닐)을 깔고 도안을 그립니다. 도안이 더 선명해지고 종이가 찢어지지 않아 여러 번 사용할 수 있습니다.

먹지

원단에 도안을 옮기기 위해 사용합니다. 일반적으로 검은색 먹지를 많이 씁니다. 가격도 저렴하고 도안이 선명하게 그려져 편리합니다. 반면 너무 진하게 그려지면 실에 먹이 묻거나 세탁할 때 도안 선을 제거하기 어렵다는 단점이 있습니다. 유색의 수용성 먹지는 원단의 오염이 적고 세탁 시 지워진다는 장점이 있지만, 도안 선이 둔탁해질 수 있으므로 주의해야 합니다. 검은색이나 갈색처럼 어두운색 원단에는 검정 먹지를 쓸 수 없으므로 밝은색의 먹지를 준비합니다.

원단

직물의 종류

직물은 크게 면직물, 마직물, 견직물로 나눌 수 있습니다.

면직물

면직물은 목화씨에서 뽑은 면사로 짠 직물을 총칭합니다. 가격이 싸고 흡수성이 좋아 일상생활용 원단으로 널리 사용됩니다. 직조 방식에 따라서 광목, 무명, 옥스퍼드, 거즈 등이 있습니다. 두께를 나타내는 용어로 10수, 20수, 30수 등을 씁니다. 숫자가 작을수록 천이 두껍습니다.

마직물

마직물은 삼, 모시풀, 아마 등으로 짠 식물 섬유를 말합니다. 우리나라 전통 마직물은 대마와 저마로 나뉩니다. 대마가 삼베, 저마가 모시입니다. 삼베는 대마풀로 만들며 두껍습니다. 모시는 모시풀로 만든 것으로 삼베보다 얇습니다. 생활 자수에 자주 사용되는 리넨은 서양의 마섬유로, 아마라는 식물로 만든 것입니다. 감촉이 까슬하고 통기성, 흡습성이 좋아 여름철 옷감으로 적당합니다.

견직물

견직물은 비단Silk을 말합니다. 누에나방이 뽕나무를 먹고 누에고치를 만들면 이를 삶아 비단 실을 뽑아내어 직조합니다. 견직물은 명주, 옥사, 공단 등 종류가 매우 다양합니다. 전통 자수나 규방 공예 등에서 사용합니다.

생활 자수용 원단

무명

무명은 재래식 베틀로 짠 우리나라 전통 면직물을 말합니다. 원단의 가로 폭이 40cm 정도로 좁습니다. 판매 단위는 자尺로 1자는 약 55cm입니다. 두께는 20수, 30수 같은 단위가 아니라 얇은 것, 중간 것, 두꺼운 것이라 부릅니다.

원단의 표면이 매끈하지 않고 울퉁불퉁해서 특유의 톡톡한 질감이 있습니다. 이 질감이 생활 자수와 잘 어울립니다. 다포나 테이블보를 만들면 톡톡한 질감 때문에 자연스럽고 멋스럽습니다.

다만 수를 놓기에는 어려운 편입니다. 두께가 두꺼운 편이어서 먹지로 도안을 그리기 어렵고 올이 고르지 않아 정교하게 수놓기 어렵습니다.

* 무명 특유의 느낌 때문에 요즘은 전통 방식이 아닌 기계로 무명 느낌이 나는 직물을 만들어 냅니다. 이를 기계 무명이라 하며, 손 무명보다 저렴하여 실용적입니다.

광목廣木

원단의 폭이 작은 소폭 무명과 대비되어 폭이 넓은 면이라서 광목이라고 합니다. 정련되지 않은 생지 상태로 판매하며 사진처럼 약간 누런빛이 납니다. 세제를 넣어 삶으면 새하얀 빛깔로 정련됩니다. 두께는 10수, 20수, 30수 등 수를 사용합니다. 원단의 가로 폭은 110cm입니다. 구매 단위는 '마(90cm)'라는 용어를 씁니다.

무명보다 조직이 촘촘하고 표면이 매끄러워 수를 놓기 좋습니다. 가격이 저렴하고 정련하지 않았을 때의 자연스러운 색상이 야생화나 생활 자수에 어울려 자수 입문용 천으로 적당합니다.

일반 면

원단의 두께나 직조 방식에 따라서 아사, 옥스퍼드, 트윌 등 종류가 다양합니다. 색상도 다양하며 대체로 조직이 치밀하고 평평해서 수를 놓기도 좋습니다.

리넨

리넨은 서양의 '아마'라는 식물로 만든 직물입니다. 면보다 까슬까슬하고 시원한 느낌이 납니다. 주로 면이나 폴리 등과 합성하여 만들며 합성 비율에 따라 원단의 질감이 다릅니다. 색상도 다양하고, 제조사에 따라서 결이 엉성한 것, 촘촘한 것 등이 있습니다. 수를 놓기에도 어렵지 않으며 까슬한 질감이 주는 멋이 있어 실생활에 많이 활용되는 원단 중 하나입니다.

모시와 삼베

모시와 삼베는 무명과 함께 우리나라의 대표적인 전통 직물입니다. 둘 다 식물 줄기로 만들어서 표면이 까슬까슬하고, 직조한 결이 그대로 드러납니다. 소박하고 섬세하여 단아한 느낌을 풍깁니다.

광목이나 면보다 올이 굵고 조직이 치밀하지 않아서 정교한 자수를 놓기 어렵지만, 직물 특유의 느낌이 있어 간단한 자수를 놓아서 소품을 만들면 자연스러운 멋이 두드러집니다.

＊ 수놓기 전 세탁 필수

면직물과 리넨은 물이 닿으면 수축하므로 사용 전에 세탁해야 합니다. 이를 '워싱'이라고 합니다. 워싱하지 않은 천에 수를 놓으면 세탁 후 천이 줄어들어 자수가 울게 됩니다. 그러므로 원단을 구입하면 며칠 물에 담가놓거나 미리 세탁을 한 뒤에 사용하도록 합니다.

＊ 수놓기 좋은 원단

수를 놓는 데 원단의 제약은 없습니다만, 야생화 자수에서는 면사를 사용하므로 바탕천도 면이나 면과 합성 직물이 조화롭습니다. 면직물은 세탁도 용이해서 생활 소품으로 만들기 적당합니다. 비단 등 견직물에도 수를 놓을 수 있으나 비단은 광택이 있고 면사는 그렇지 않아 다소 이질감이 있습니다.

원단이 두꺼울수록, 원단의 조직이 성글수록, 원단의 표면이 거칠수록, 원단의 색상이 어두울수록 정교한 자수가 어렵습니다. 자수 입문자는 광목 20~30수와 리넨(크림 색상이 무난)부터 시작하기를 추천합니다. 이후 실력이 늘면 차차 얇은 흰색 무명, 두꺼운 흰색 무명, 검정이나 갈색 등 암색 계열 리넨 원단, 마지막으로 어두운색의 무명 원단을 선택하면 됩니다.

＊ 바탕천 색상 선택법

자수는 일반 회화와 달리 전면을 채우지 않고 바탕천의 여백을 많이 두기에 바탕천의 색상이 중요합니다. 바탕천의 색상에 따라 전체 자수의 느낌이 좌우되기 때문입니다.

가장 무난한 색은 흰색입니다. 흰색은 모든 색과 어울리며 다른 색을 돋보이게 해주고, 전체 자수를 밝고 화사한 느낌으로 만들어줍니다. 수를 놓기도 가장 쉬운 색입니다. 단점은 때가 잘 탄다는 것입니다.

두 번째로 쉬운 원단은 리넨의 색상인 크림색, 베이지색입니다. 화사함은 덜 하지만 소박하고 은은한 느낌을 냅니다. 때가 잘 타지 않는다는 장점도 있습니다.

진갈색, 진회색 등 짙은 색상은 자수를 돋보이게 하면서도 너무 화려하지 않게, 중후하고 무게감 있는 분위기를 만들어줍니다. 그러나 수를 놓기에 어려워 초보자는 피하는 것이 좋습니다. 하늘색 등 푸른색 계열은 수를 놓기에도 어렵지 않으며, 산뜻하고 청량한 느낌을 풍깁니다.

따라서 자수 입문자는 가능한 흰색(흰색, 아이보리, 광목색 등) 원단에 수를 놓고, 생활 속에서 활용도가 높은 소품용으로는 베이지색 리넨을 사용합니다. 이후, 무채색이나 유색 계열의 원단을 선택하면 됩니다.

자수 준비와 마무리

실패에 실 감기

1 면사와 실패를 준비합니다. 네임펜으로 실패에 실 번호를 씁니다.

2 실 묶음을 절반으로 갈라 원 모양을 만듭니다.

3 락스 통과 같은 적당한 크기의 용기에 실을 걸면 단번에 감기 편리합니다.

4 실패에 실을 올립니다. 한 손으로 실패를 잡고 다른 손으로 실을 쥡니다.

5 실을 감습니다. 한쪽으로 치우치지 않도록 고르게 감습니다.

6 실패에 실을 다 감은 모습입니다.

실 매듭짓기

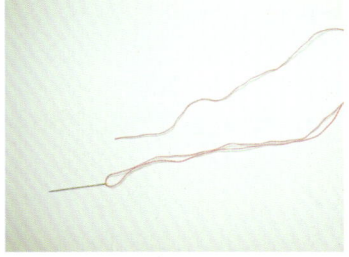

1 바늘에 실을 1올 끼웁니다. 실의 길이는 자신의 손끝에서 팔꿈치까지 길이(약 40cm)가 적당합니다.

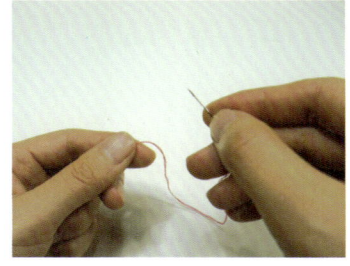

2 왼손 검지 위에 매듭지어질 실(긴 쪽)의 끝 부분을 올리고 오른손으로 바늘을 쥡니다.

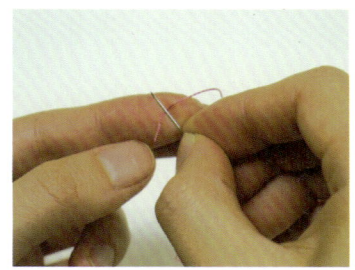

3 실 위에 바늘을 교차해서 올립니다..

4 왼손으로 바늘을 쥐고, 오른손으로 매듭지을 실(긴 쪽)을 쥡니다.

5 바늘에 실을 2번 감습니다.

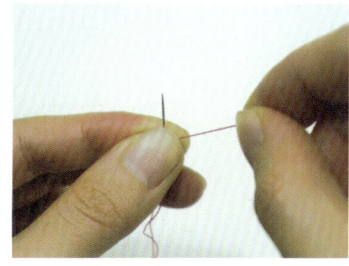

6 왼손으로 실이 감긴 부분을 잡습니다.

7 왼손은 그대로 두고 오른손으로 바늘을 잡고 쭉 빼냅니다.

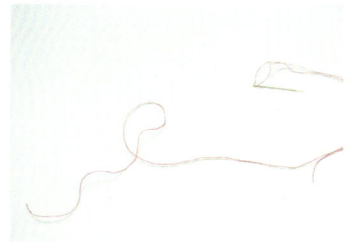

8 실 끝에 매듭을 지었습니다.

＊ 과정에 나타난 '오른손, 왼손'을 반대로 바꾸어도 됩니다.

＊ 수를 놓다 보면 실의 꼬임이 풀어지기도 합니다. 그러면 수가 예쁘지 않고 실이 쉽게 끊어질 수 있으니 꼬임이 풀리지 않도록 중간중간 실을 꼬면서 수를 놓도록 합니다.

도안 그리기

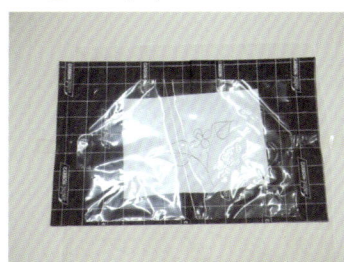

1 천-먹지-도안-OPP 필름 순서로 올립니다.

2 한 손으로 도안을 눌러서 고정하고, 다른 손으로 볼펜을 쥡니다.

＊ 큰 도안을 그릴 때는 시침 핀으로 도안을 고정합니다.

3 도안을 그립니다. 위에서 아래로, 왼쪽에서 오른쪽으로 등 일정한 방향을 정해 순서대로 하여 빠짐없이 그립니다.

수틀 매기

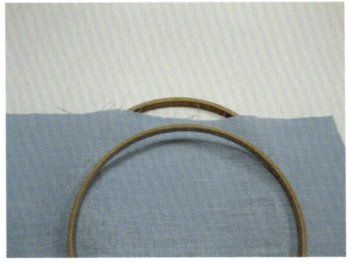

1 나사가 없는 틀 위에 천을 올리고 그 위에 나사가 있는 큰 틀을 올립니다.

2 나사를 돌려 수틀을 조입니다.

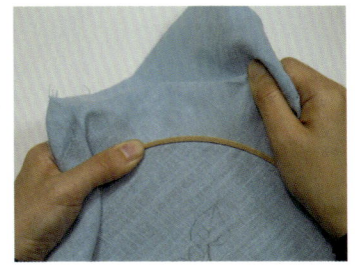

3 전체적으로 천을 팽팽하게 당겨서 나사를 꽉 조여줍니다.

＊ 천을 두드렸을 때 북소리가 날 정도로 팽팽하게 당겨져야 수를 놓기도 쉽고, 수틀을 빼냈을 때 자수가 울지 않습니다.

＊ 드라이버로 나사를 조이면 더 튼튼하게 고정할 수 있습니다.

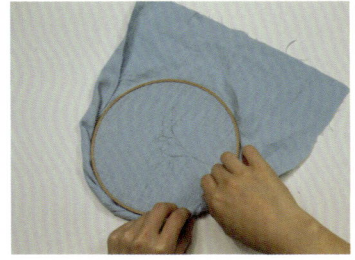

4 수틀 밖의 천을 둘둘 말아서 수놓기 편하게 천을 정리합니다.

5 바깥 천을 빨래집게 같은 집게로 고정합니다.

＊ 오랜 기간 수를 놓을 때는 집게보다는 시침질로 바깥 천을 고정하면 더 편합니다.

세탁과 다림질

1. 손으로 정성 들여 수놓은 작품이므로 세탁기 사용을 자제하고 손세탁합니다. 오염된 부위나 도안의 먹선은 세숫비누나 중성세제로 살살 비벼서 자수가 상하지 않도록 조심히 세탁합니다.

2. 파란색 수성펜을 제거할 때는 흐르는 물에 충분히 적셔주어야 합니다. 고인 물에 담그면 염료가 천으로 다시 스며들기 때문입니다.

3. 일부 진한 색은 물에 적셨을 때 염료가 빠져나올 수 있으니 삶지 않도록 합니다.

4. 천이 약간 덜 말랐을 때 다림질을 하면 구김이 잘 펴집니다.

5. 자수를 다릴 때는 자수의 앞면이 아닌 뒷면을 다립니다. 앞을 다리면 수가 눌려 입체감이 줄어들거나, 온도 조절에 실패하면 실이 타버리기 때문입니다. 천이 울었을 때는 한 손으로 천을 힘주어 당기면서 다리면 펴집니다. 정성 들여 놓은 수가 틀어지지 않도록 마무리 단계인 다림질도 세심히 합니다.

기본 바느질 방법

홈질

점선 모양으로 나타나는 바느질법으로 바늘땀 간격을 0.2~0.5cm 정도로 합니다.

박음질

두 원단을 이어 붙이는 기본 바느질법으로 바늘땀 길이를 0.2~ 0.5cm 정도로 바느질합니다.

감침질

두 원단의 겉면과 겉면을 마주 대고 겉에서 이어 붙이는 바느질법으로 땀 간격이 작고 촘촘할수록 좋습니다.

공그르기

두 원단을 땀이 보이지 않게 겉에서 이어 붙이는 바느질법으로 A 원단의 안쪽으로 1땀을 뜬 후에 직각으로 B 원단으로 바늘을 통과하여 B 원단을 1땀 뜨고, A 원단으로 다시 직각으로 바늘을 통과하길 반복합니다. 직각으로 통과하지 않으면 실이 보이게 되므로 주의합니다.

꽃의 구조

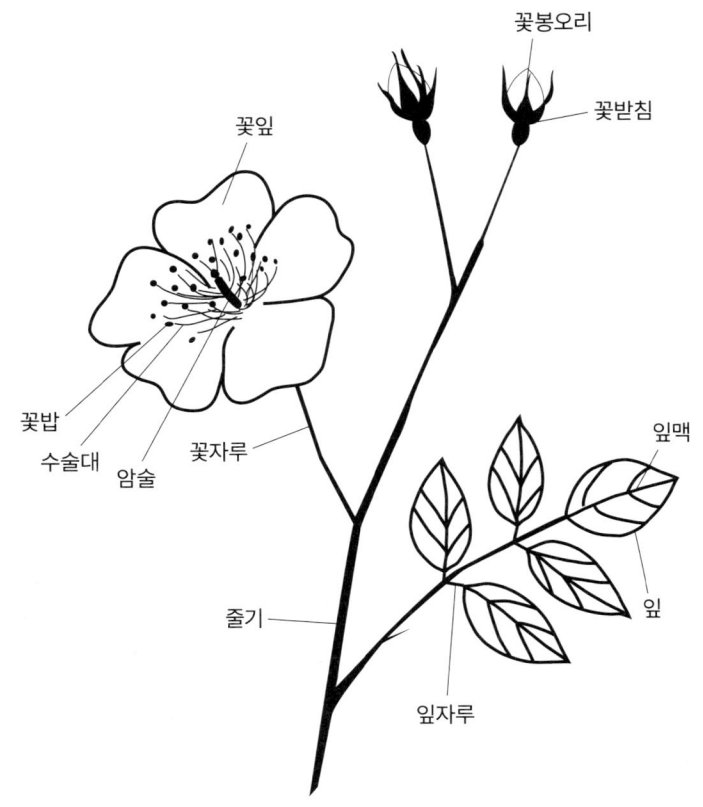

꽃봉오리

꽃받침

꽃잎

잎맥

잎

꽃밥

수술대 암술 꽃자루

줄기

잎자루

꽃잎과 봉오리

1cm 이하의 작은 꽃잎 등 몇 가지를 제외하고 대부분 자련수로 표현합니다. 둥근 모양, 하트 모양, 길쭉한 모양, 뾰족한 모양 등 형태가 다양하기 때문입니다. 자련수는 연한 색에서 진한 색으로, 또는 진한 색에서 연한 색으로 그러데이션 할 수 있는 수법이므로 꽃의 색상을 풍부하고 화사하게 표현할 수 있습니다.
꽃봉오리는 꽃이 피기 전의 모습이므로 활짝 핀 꽃잎보다 진한 색으로 표현합니다. 작은 것은 평수로, 꽃이 크고 화려한 색일 때는 자련수로 놓습니다.

꽃자루, 잎자루, 줄기

작은 꽃의 줄기는 이음수로, 나무 꽃처럼 큰 줄기는 자련수로 표현합니다. 뿌리 쪽은 약간 굵게, 위쪽은 가늘게 하는 게 자연스럽습니다. 또한 식물의 본줄기가 꽃자루, 잎자루보다 굵어야 안정감이 있습니다. 이음수는 간단하고 단조로운 수법이지만 굵기에 변화를 주면 입체감이 생겨 사실적이고 자연스러운 묘사가 가능합니다.

암술과 수술

암술과 수술은 식물의 생식기관입니다. 식물이 꽃을 피우는 것은 열매를 맺기 위해서입니다. 암술과 수술은 꽃의 생명을 담고 있으므로 이를 표현하면 꽃에 표정이 생기고 생기가 돕니다. 대개 암술 하나와 수술 여러 개로 구성되어 있습니다. 꽃 자수에서는 특별한 경우를 제외하고 암술을 생략하고 수술만 표현합니다. 크기나 모양에 따라서 선수, 점수, 매듭수로 표현합니다. 꽃 자수의 화룡점정畵龍點睛이므로 다른 부분을 모두 수놓고 난 뒤, 가장 나중에 놓는 것이 좋습니다.

잎과 잎맥

잎은 식물에 필수적인 기관입니다. 식물은 꽃보다 훨씬 많은 양의 잎을 가지고 있습니다. 잎이 있기에 식물은 광합성을 하고 영양분을 만들어 꽃을 피울 수 있습니다. 하지만 자수에서 그 많은 잎을 모두 표현하면 시간이 오래 걸려서 비효율적이므로, 식물의 특징을 나타내줄 수 있는 정도로만 잎을 묘사합니다.

작은 잎은 평수나 가름수로, 큰 잎은 자련수로 놓습니다. 색상을 다채롭게 표현하기 위해서 가름수의 결로 자련수를 놓거나 작은 잎은 우련수로 표현하기도 합니다.

잎을 가름수로 놓으면 자연스레 골이 생겨서 잎맥이 도드라지므로 따로 표현하지 않아도 됩니다. 자수의 회화성을 높이기 위해서 잎맥을 이음수로 표현하기도 합니다. 일반적으로 잎의 색보다 밝거나 진하게 차이를 둡니다. 그러나 잎맥을 많이 표현하면 주객이 전도되어 자수가 난하게 보일 수 있습니다. 자수는 회화와 다르므로 지나친 사실성보다는 적당한 생략이 필요합니다.

꽃받침

꽃받침은 여러 장의 꽃잎을 받쳐서 꽃자루나 줄기와 이어주는 역할을 합니다. 옆모습의 꽃, 꽃봉오리 등에서 형태가 드러나며 보통 이음수나 평수로 간단하게 표현하거나 큰 꽃일 경우에는 자련수로 세밀하게 표현합니다.

사용 예

수놓는 순서

수놓는 대상이나 부위에 따라 수놓는 순서가 달라집니다. 일반적으로는 꽃, 줄기, 잎의 순서로 대체로 넓은 면부터 놓습니다. 넓은 것이 전체 색감을 좌우하기 때문입니다. 이 책에 나온 작품들도 몇몇 경우를 제외하고 꽃을 먼저 수놓는 게 좋습니다. 꽃 자수의 주인공은 꽃이기 때문입니다.

세부 부위로 들어가면, 제일 앞에 있는 모양 또는 제일 위로 올라온 모양 즉 자신의 모양이 숨겨진 것 없이 모두 드러난 부분을 먼저 수놓습니다. 다음으로 뒤에 있는 것을 차례대로 놓습니다.

수놓는 순서 예시

연꽃
가운데 꽃잎이 제일 앞으로 올라온 모양 →
그다음 양옆의 꽃잎 → 윗단의 꽃잎 순서

겹쳐진 꽃잎
앞에 있는 꽃잎 → 뒤에 숨은 2장의 꽃잎

주의 사항

한 땀의 길이는 1cm 이내로

한 땀의 길이는 1cm를 넘지 않도록 합니다. 땀이 너무 길면 실이 천 위에 붙지 않고 뜹니다. 2올 이상일 경우에는 1.2cm 정도도 괜찮습니다. 실이 가늘수록 힘이 없고 두꺼울수록 힘이 있기 때문입니다. 자련수는 땀을 메우므로 긴 땀이 1.2cm 정도 되어도 괜찮습니다.

실 1올의 길이, 2올을 만드는 법

실 1올의 길이는 40cm 정도로 하고, 2올을 사용할 때는 1올을 80cm 길이로 잘라서 바늘에 꿰어 반을 접어서 2올로 만듭니다.

수를 놓을 때는 도안 선 밖으로

수를 놓을 때는 도안 선 밖으로 땀을 냅니다. 완성했을 때 도안 선이 보이지 않아야 깔끔합니다.

수를 놓을 때는 팔에 힘을 빼고 스냅으로

악기, 스포츠 등 팔을 이용하는 모든 일은 팔에 힘을 빼는 것이 기본 원칙입니다. 힘이 들어가면 조금만 해도 팔과 어깨에 무리가 가서 아픕니다. 자수를 놓을 때도 힘은 필요 없습니다. 팔에 힘을 빼고 스냅으로 놓으세요. 실을 너무 당기지 말고 천 위에 실을 살짝 얹듯이 수를 놓습니다. 실을 당기면 천이 울게 됩니다.

수를 너무 빽빽하게 놓지 마세요

면을 채우는 수를 놓을 때 간혹 빈틈이 조금이라도 보이는 것을 견디지 못하고 빽빽하게 메우는 사람이 있습니다. 수를 너무 빽빽하게 메우면 실이 밀려서 뜨게 되고, 수결이 매끈하지 않아 작품의 완성도를 떨어뜨립니다. 수를 놓는 사람도 힘들고 보는 사람도 갑갑한 느낌을 받습니다. 빽빽한 것보다는 약간 모자란 듯 메우는 것이 낫습니다.

중간에 실을 뜯지 말고 끝까지 완성

실수하더라도 수를 뜯지 마세요. 수를 뜯으면 실도 상하고 천도 상합니다. 특별한 경우가 아닌 한 지금 내가 하는 실수는 현재의 실력에서 비롯되는 것이므로 다시 놓아도 같은 실수를 반복하게 됩니다. 시간이 지나면 자연스레 해결될 일이니 뜯지 말고 그대로 수를 놓도록 합니다. 세세한 부분에 집착하지 마세요. 초·중급 실력에서는 원하는 대로 세부를 표현하기가 어렵습니다. 세부묘사가 제대로 되지 않았다고 작품을 완성하지 않으면 실력이 늘지 않습니다. 작품이 완성되면 전체 모양과 전체 색상이 드러나며 실수한 부분은 가려집니다. 모든 일에는 단계가 있습니다. 차차 실력이 늘고 나서 처음에 부족했던 세부 묘사에 공을 들이는 것이 낫습니다.

마음을 비우고 즐기세요

모든 기술이 그렇듯 자수에도 숙련의 시간이 필요합니다. 처음부터 수를 잘 놓을 수는 없습니다. 수를 놓으면 놓을수록 실력이 느는 것이 당연합니다. 마음을 비우고 즐기세요. 무엇을 배우는 데는 즐기는 마음이 가장 중요합니다. 동양의 고전 《논어》에 유명한 구절이 있지요. '아는 것은 좋아하는 것만 못하고, 좋아하는 것은 즐기는 것만 못하다知之者不如好之者, 好之者不如樂之者' 좋아하고 즐기다 보면 자연스레 실력이 늘게 될 것입니다.

PART 2

자수의 기법

점수

점수란 한 땀으로 작은 점을 수놓는 표현법으로 바늘을 올려서 내리는 위치나 실의 굵기에 따라 점의 크기가 달라집니다. 주로 자수의 시작과 마무리에 이용되며, 꽃의 수술이나 나비의 눈 등 아주 작은 점을 표현할 때 쓰입니다.

🌱 수놓는 법

1 천 뒤쪽에서 앞으로 바늘을 올립니다.

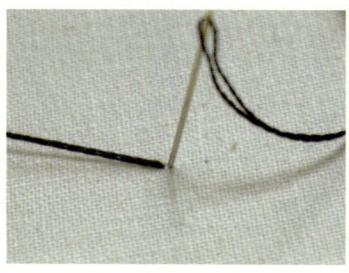

2 올린 곳 바로 옆에 바짝 붙여서 바늘을 꽂습니다.

3 한 땀이 완성되었습니다.

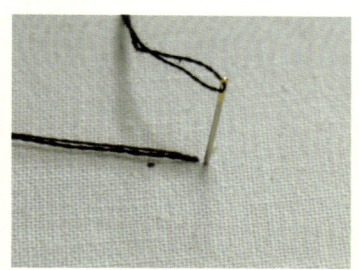

4 바늘을 다시 올려서 처음 놓은 것보다 약간 떨어져서 바늘을 꽂습니다.

5 처음 점보다 크게 표현되었습니다. 이렇듯 점수는 바늘을 올려서 다시 내리는 곳의 위치에 따라 크기가 달라집니다.

🌱 점수로 하는 시작과 마무리 방법

시작

수를 놓을 곳(바깥이 아니라 안쪽)에 점수를 2땀 놓습니다. 자수의 시작과 마무리에 쓰이는 점수는 가능한 한 작게 땀을 내는 게 좋습니다.

마무리

1 마무리 역시 2땀 점수로 놓습니다. 수를 놓은 곳의 실과 실 사이로 바늘을 올립니다.

2 바늘에 연결된 실을 살짝 당겨 수가 놓인 곳을 벌린 후에 가능한 한 작게 1땀을 놓습니다.

3 다시 실과 실 사이로 바늘을 올립니다.

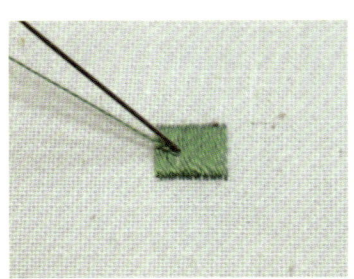

4 점수를 1땀 더 놓습니다. 2땀 점수가 완성되었습니다.

5 다시 바늘을 실과 실 사이로 올립니다.

6 바늘에 연결된 실을 당겨서 가위로 바짝 자릅니다. 수놓은 실을 자르지 않도록 조심합니다.

선수

선을 수놓는 기법으로 수놓을 대상을 한 땀으로 완성합니다. 꽃 자수에서는 꽃잎이나 수술 등을 표현할 때 주로 사용합니다. 그 외에도 다양하게 응용할 수 있는 수법입니다.

🌱 수놓는 법

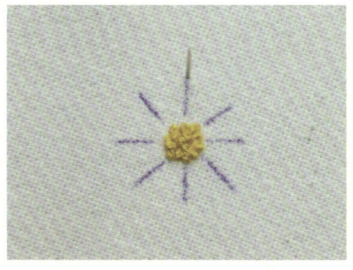

1 꽃잎을 예시로 수놓아 보겠습니다. 도안의 바깥 지점에서 바늘을 올립니다.

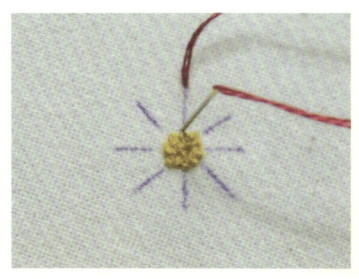

2 도안의 안쪽으로 바늘을 꽂습니다.

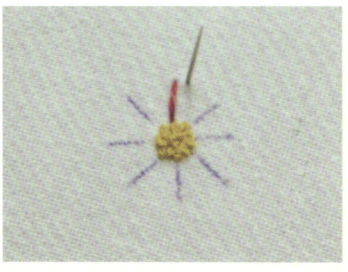

3 도안을 따라 다시 바깥에서 바늘을 올립니다.

4 안으로 바늘을 꽂습니다.

5 선수를 몇 땀 반복하여 간단한 꽃을 완성했습니다.

사용 예

꽃잎을 선수로 표현

꽃의 수술을 선수로 표현

매듭수

매듭수는 천 위에 매듭을 짓는 수법입니다. '씨앗수'라고도 부르며 주로 꽃의 수술, 씨앗, 작은 점 등을 표현할 때 사용합니다. 매듭을 감는 횟수, 실의 굵기, 실을 잡아당기는 정도 등에 따라서 매듭의 크기가 달라집니다.

🌿 수놓는 법

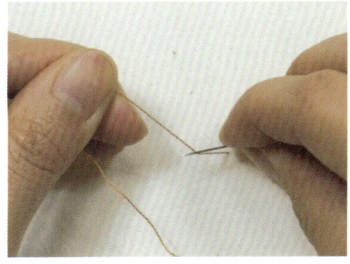

1 한 손으로 바늘을 쥐고 다른 손으로 실을 잡습니다.

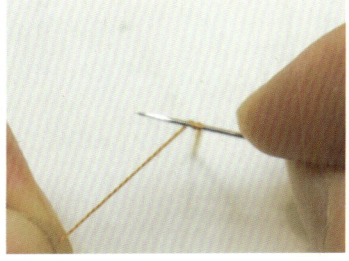

2 바늘에 실을 감습니다.

3 바늘이 올라왔던 곳 바로 옆에 바늘을 꽂아 뽑습니다.

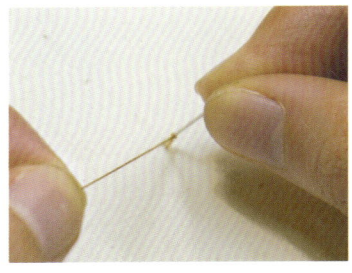

4 실을 잡은 손을 놓지 말고 계속 당기고 있어야 매듭이 예쁘게 만들어집니다.

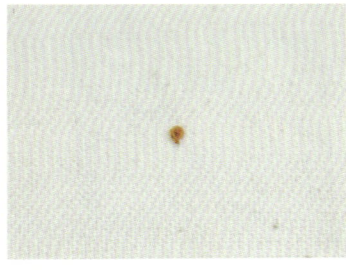

5 매듭수가 완성되었습니다.

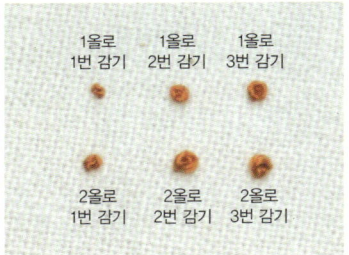

6 매듭을 감는 횟수나 실 굵기에 따라서 매듭 크기가 달라집니다. 매듭을 감는 횟수가 4번 이상이 되면 매듭이 예쁘게 표현되지 않으므로 주의합니다.

＊ 매듭수는 수법은 간단하지만, 수정이 어렵다는 단점이 있습니다. 작품을 놓기 전에 수법을 숙지하여 실수하지 않도록 조심합니다.

사용 예

꽃의 수술을 표현

매듭수만으로 꽃을 표현

이음수

이음수는 선수를 계속 잇달아 놓아서 직선과 곡선을 표현하는 수법으로 실의 굵기나 겹쳐지는 정도에 따라 굵기가 달라집니다. 잎맥, 줄기, 도안의 외곽선, 작은 잎 등에 다양하게 활용됩니다.
꽃 자수에서 가장 많이 사용되는 수법 중 하나로 표현 대상에 따라서 난이도가 낮은 것부터 높은 것까지 변형이 많은 만큼 꾸준한 연습이 필요합니다.

🌱 수놓는 법

1 시작점에서 조금 내려가서 바늘을 올립니다.

Tip 이음수의 시작과 마무리 방법
· 이음수를 단독으로 놓을 때는 매듭을 평소보다 굵게 지어 점수를 한 번만 합니다.
· 꽃잎 등 옆에 다른 대상이 있을 때는 그곳에 두 땀 점수를 한 후 이음수를 시작합니다.

2 시작점에 바늘을 꽂습니다. 한 땀이 완성됩니다.

＊ 첫 땀의 길이는 도안의 모양에 따라 달라지며, 일반적으로 0.5cm 정도면 적당합니다.

3 다시 아래쪽에서 바늘을 올립니다.

4 위로 바늘을 꽂습니다. 이때 앞에 놓은 실에 바늘을 바짝 붙여서 놓아야 선이 매끈하게 표현됩니다.

5 아래쪽에서 바늘을 올립니다.

6 앞에 놓은 땀 옆에 바늘을 꽂습니다. 앞의 땀과 얼마나 겹치느냐에 따라서 선 굵기가 달라집니다. 예시 사진은 앞 땀과 절반 정도씩 겹친 것입니다.

🌷 알아두면 좋아요!

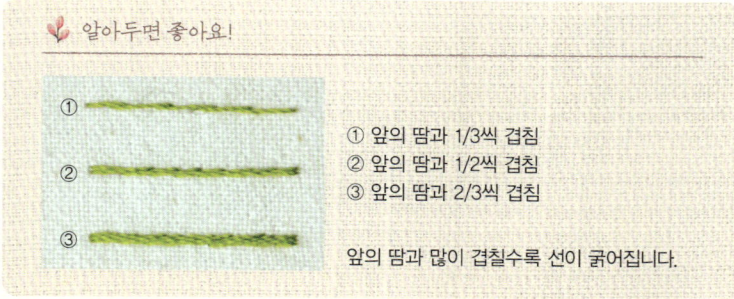

① 앞의 땀과 1/3씩 겹침
② 앞의 땀과 1/2씩 겹침
③ 앞의 땀과 2/3씩 겹침

앞의 땀과 많이 겹칠수록 선이 굵어집니다.

🌿 곡선

곡선을 수놓을 때는 휘어진 선의 안쪽 면에 먼저 1땀을 놓은 다음 안쪽에서
바깥쪽으로 땀을 내어줍니다.

[예시]

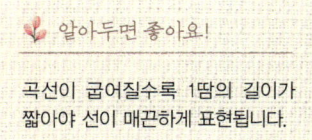

🌸 **알아두면 좋아요!**

곡선이 굽어질수록 1땀의 길이가
짧아야 선이 매끈하게 표현됩니다.

● 왼쪽으로 굽은 형

1 곡선 안쪽에서 시작해 위로 1땀을 놓습
니다.

2 곡선 안쪽 아래에서 바늘을 올립니다.

3 곡선의 바깥쪽에 바늘을 꽂습니다.

4 다시 곡선의 아래 지점 안쪽에서 바늘
을 올립니다.

5 곡선 이음수를 완성했습니다.

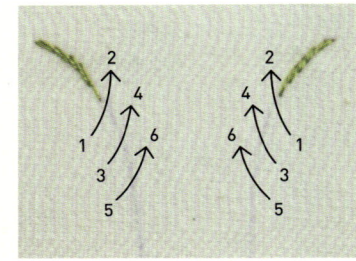

Tip 바늘을 올리는 순서와 방향은 위 사진과
같습니다.

● 오른쪽으로 굽은 형

1 곡선 안쪽부터 1땀을 놓습니다.

2 곡선 바깥쪽으로 바늘을 꽂습니다.

3 다시 곡선의 안쪽에서 바늘을 올려 밖
으로 바늘을 내립니다.

🌿 S자형 곡선(곡선이 진행 방향에서 반대로 바뀔 때)

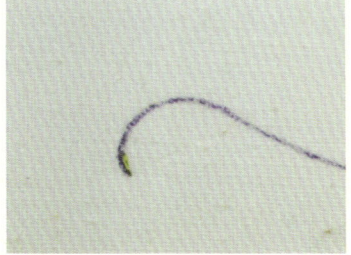

1 곡선 안쪽으로 1땀을 짧게 놓습니다.

2 곡선 안쪽에서 바늘을 올려 바깥쪽으로 바늘을 꽂습니다.

3 계속해서 같은 방향으로 수를 놓습니다. 선이 반대로 다시 휘어도 앞에서 놓던 방향대로 바늘을 꽂습니다.

4 계속 똑같이 수놓기 어려울 때는, 반대쪽에 휘어진 곳의 안쪽으로 1땀을 놓고, 안쪽에서 바깥쪽으로 바늘을 꽂습니다.

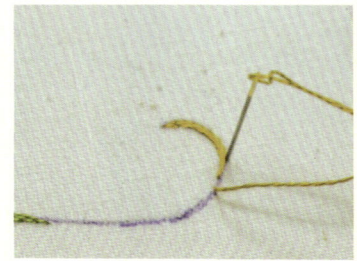

5 계속해서 안쪽에서 바깥쪽으로 땀을 만들어나갑니다.

6 방향이 반대라서 어렵다면 수틀을 거꾸로 돌려서 놓아도 됩니다.

7 모두 놓았을 때 반대쪽 곡선과 서로 같은 방향으로 만나게 됩니다.

확인

8 수틀을 다시 원위치로 돌려서 전체 모양을 확인합니다. 땀의 방향이 끊어지지 않고 연결되어 매끈한 하나의 선으로 완성됩니다.

* S자형의 첫 시작 부위처럼 휘어짐이 심한 곳에서는 1땀의 길이를 짧게 놓아야 합니다.

🌿 당초문(여러 곡선이 합해진 모양)

1 여러 곡선이 합해진 모양을 놓을 때는 하나씩 나눠서 놓습니다. 제일 아래에 있는 곡선부터 수를 놓아보겠습니다. 굽어진 안쪽 선에 1땀을 짧게 놓습니다.

2 곡선의 아래 선에 맞춰 바늘을 올린 다음 첫 땀의 위로 바늘을 내립니다.

3 반복하여 수놓습니다.

4 아래로 갈수록 곡선이 직선에 가까워 지므로 1땀의 길이가 앞에 놓은 땀보다 조금 길어져도 괜찮습니다.

5 다음 줄기를 놓을 차례입니다. 휘어진 선의 안쪽으로 짧게 1땀을 냅니다. 먼저 놓은 곡선보다 굴곡이 더 심하므로 땀의 길이를 짧게 합니다.

6 바늘을 올려서 첫 땀의 옆으로 바늘을 내립니다.

7 2번째 곡선이 완성되었습니다.

8 마지막 곡선입니다. 휘어진 선의 안쪽에 땀을 내고, 아래에서 위로 바늘을 꽂아 서 모양을 만듭니다.

9 완성되었습니다.

평수

평수는 면을 메우는 가장 기초적인 수법입니다. 실과 실 사이에 빈틈이 생기거나, 실과 실이 서로 겹치지 않도록 나란하게 수를 놓습니다. 수놓는 각도(수결)에 따라 가로, 세로, 사선, 나선형 등 다양한 방법이 있습니다. 주로 작은 꽃잎, 잎사귀, 나무의 줄기 등 좁은 면을 메울 때 사용합니다.

🌿 수놓는 법(세로 평수)

1 직사각형을 평수로 메워보겠습니다.

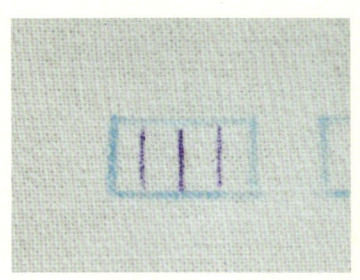

2 직사각형의 세로 선에 맞게 수결을 표시합니다. 중심선을 기준으로 먼저 그리고, 같은 각도로 세분해서 몇 줄 더 표시합니다.

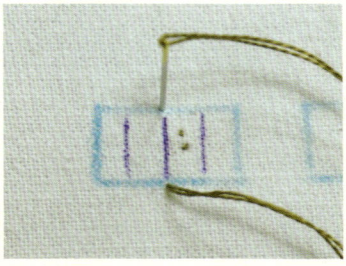

3 2땀 점수를 놓은 뒤에 중심선을 1땀 놓습니다.

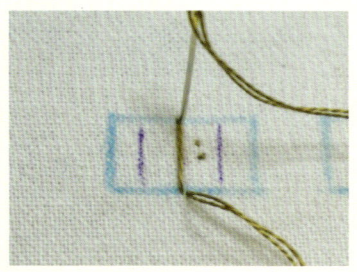

4 중심 바로 옆으로 바늘을 올려 중심의 결과 평행하게 바늘을 내립니다.

5 같은 방법으로 반쪽 면을 채웁니다.

6 중심 반대쪽 면도 나란하게 같은 수결로 수놓습니다.

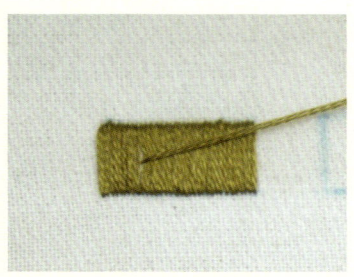

7 마무리로 점수를 합니다. 실과 실 사이로 바늘을 올립니다.

8 점을 찍듯이 1땀을 놓습니다. 1번 더 놓아서 2땀 점수로 마무리합니다.

10 바늘을 올려서 가위로 실을 자릅니다. 평수가 완성되었습니다.

둥근 꽃잎 모양

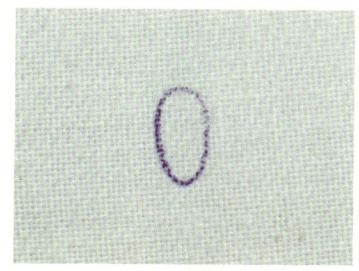

1 세로로 길고 둥근 꽃잎 모양을 수놓아 보겠습니다. 사선 평수, 세로 평수, 가로 평수 다 가능하지만, 이 모양은 세로로 놓는 게 효율적입니다.

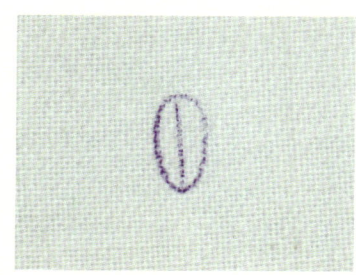

2 모양의 중심선을 세로로 표시합니다.

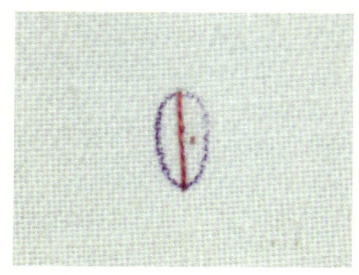

3 중심을 1땀 놓습니다.

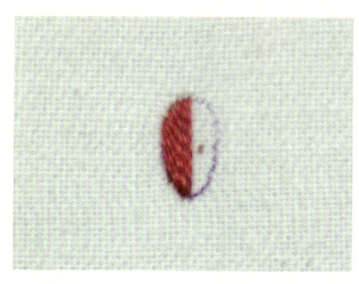

4 중심과 나란한 각도로 반쪽을 먼저 채웁니다.

5 나머지 반쪽도 같은 각도로 채웁니다.

🌱 사선 평수

1 가운데가 볼록한 모양입니다. 어떤 각도가 좋을지 생각하며 연필로 세로, 가로, 사선 등 여러 수결을 표시해보세요.

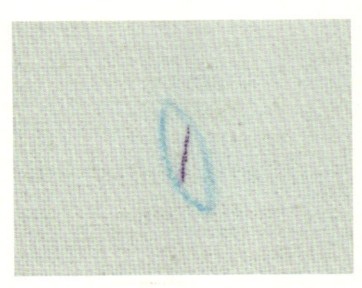

2 이런 모양은 사선 각도가 적당합니다. 중심을 사선으로 표시합니다.

3 중심선을 1땀 놓습니다.

4 먼저 놓은 땀과 같은 각도로 나란하게 반쪽을 사선으로 채웁니다.

5 끝 선도 사선으로 놓습니다.

6 나머지 반쪽도 중심부터 나란하게 놓습니다.

7 작은 잎사귀 모양이 사선 평수로 완성되었습니다.

🌿 휘어진 모양(길쭉한 잎사귀가 휘어진 모양, 나선형 모양)

● 왼쪽으로 휘어진 모양

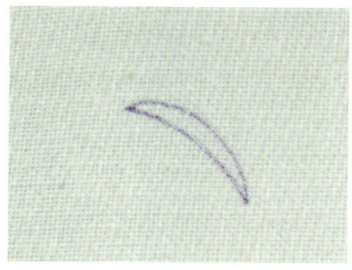

1 한쪽으로 휘어진 모양입니다. 이런 모양은 같은 각도로 모양을 내기가 어렵습니다. 굽은 모양대로 수결을 서서히 틀어주어야 합니다.

2 이음수의 원리를 평수에 적용하면 쉽게 놓을 수 있습니다. 점수를 2땀 놓은 다음 휘어진 면의 밑 선에 맞춰 짧게 1땀을 놓습니다.

3 이음수를 놓을 때처럼, 아래쪽에서 바늘을 올려서 위쪽으로 바늘을 내립니다.

4 다시 아래 쪽에서 위쪽으로 바늘을 내립니다. 굵은 이음수를 놓는다고 생각하며, 서서히 각도를 틀어줍니다.

5 서서히 수결을 틀다가 적당한 사선 평수의 각도가 나오면 같은 수결로 나란히 놓으면 됩니다.

6 모두 채웠습니다. 사진에 있는 빨간 선처럼 도안의 끝선(바깥 곡선)과 마지막 땀이 같은 각도로 떨어지게 합니다.

● 오른쪽으로 휘어진 모양

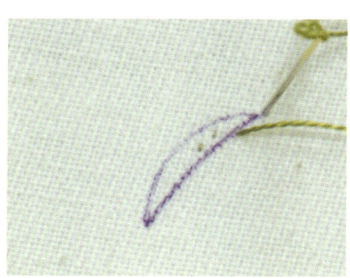

1 도안 내부에 점수를 2땀 놓은 다음 휘어진 모양의 밑선에 1땀을 놓습니다.

2 이음수를 놓듯이, 아래에서 위로 바늘을 꽂습니다.

3 완성되었습니다. 왼쪽으로 휘어진 모양과 마찬가지로 도안의 끝선(바깥 곡선)과 수결이 같은 각도가 되어야 합니다.

가름수

가름수는 잎을 놓을 때 사용하는 수법입니다. 가운데 잎맥 선을 기준으로 도안의 좌우가 대칭되도록 사선 평수를 놓습니다. 마주 보며 수놓으므로 잎의 중앙에 골이 생깁니다. 중심선이 깔끔하게 수놓아졌을 경우, 따로 잎맥을 표현하지 않아도 자연스럽게 입체감이 생깁니다.

가름수의 각도

O 중심에서 사선 평수 각도가 45도 정도로 일정하게 좌우 대칭이 되도록 함

X 기울기가 수평이 되면 모양도 예쁘게 표현이 안 되고, 시간도 오래 걸려서 비효율적임

X 아래로 갈수록 각도가 급격하게 누움

Tip 사선 평수의 각도가 중요합니다. 중심선을 기준으로 평수의 각도가 30~45도 정도가 되는 게 보기 좋습니다. 각도가 수평이 되면 예쁘지도 않고 수를 놓기도 어렵습니다. 처음 몇 땀을 제외하고 모든 땀의 기울기가 30~45도 정도로 같도록 합니다.

🌱 수놓는 법

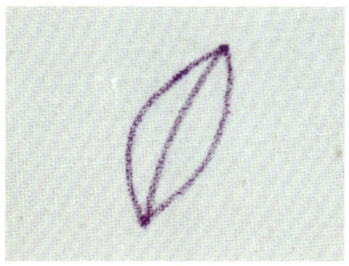

1 잎 가운데 잎맥을 선으로 표시합니다.

2 잎 모양에 맞춰 적당한 각도(45도 정도)를 찾아 기화펜으로 표시합니다.

Tip 가능한 잎의 끝선에 맞춰 각도를 정하는 것이 좋습니다.

3 중심선에 1땀을 놓습니다. 첫 땀의 길이는 잎의 모양에 따라 달라집니다. 위 사진처럼 기본형은 반 땀 정도면 적당합니다.

4 잎 테두리를 따라 3에서 놓은 땀 바로 옆으로 바늘을 올립니다.

5 중심선에 바늘을 꽂습니다.

＊ 가름수는 초반의 몇 땀이 중요합니다. 중심선과 일치하는 각도에서 적당한 수결(45도 정도)로 서서히 변화를 주어야 하기 때문입니다. 중심선을 놓았으면 그다음 땀부터 서서히 각을 돌리면서 제 각을 찾아가도록 합니다.

6 몇 땀을 놓아서 제 각도를 찾았습니다. 이후 표시한 수결에 맞춰 나란히 사선 평수를 놓습니다.

7 잎의 반쪽을 모두 같은 각도로 놓았습니다.

Tip 마지막 땀이 도안의 끝 선과 같은 곳에서 끝나면 깔끔합니다.

8 다시 시작점으로 가서 나머지 반쪽을 같은 방법으로 수놓습니다. 첫 땀에서 몇 땀을 서서히 돌려서 제 각도를 찾습니다.

9 나머지를 나란하게 같은 각도로 사선 평수로 놓습니다. 잎의 양쪽 수결이 좌우대칭이 되도록 합니다. 중앙의 잎맥선이 빈틈이 없게 수놓습니다. 골이 생겨서 자연스럽게 잎맥이 표현됩니다.

봉긋봉긋한 모양의 잎

1 기화펜으로 잎 모양에 맞는 적당한 수결을 표시한 후, 중심선에 첫 땀을 놓습니다.

2 잎 테두리의 둥근 모양을 만들며 봉긋한 모양이 움푹 들어간 곳(골)까지 몇 땀을 놓아 채웁니다.

3 2번째 봉긋한 모양의 중심에서 표시한 수결대로 1땀을 놓습니다.

4 볼록한 부분부터 2에서 멈춘 부분까지 나란하게 수놓아 채웁니다.

5 볼록한 모양의 반대쪽으로 내려가는 부분을 같은 각도로 나란하게 수놓습니다. 다음 볼록한 모양의 중심에서 잎 가운데로 또 1땀을 먼저 놓습니다.

6 볼록한 부분에서 들어간 부분까지 수놓습니다.

7 남은 부분을 수놓습니다. 기본형과 마찬가지로 마지막 땀의 잎 선과 같아지도록 합니다.

8 반대쪽도 1~7과 같은 방법으로 수놓습니다. 이렇듯 봉긋봉긋한 모양의 잎은 중심선에서 아래로 순서대로 놓지 말고, 봉긋봉긋한 모양을 다시 반으로 나누어주면 수결을 일정하게 만들기 쉽습니다.

🌱 삐죽삐죽한 모양의 잎

1 중심선을 나눈 후에 잎의 끝선에 맞춰 적당한 수결을 표시합니다. 중심선에 첫 땀을 놓습니다.

2 움푹 들어간 곳까지 채운 다음 삐죽 튀어나온 모양의 가운데에 땀을 냅니다. 삐죽한 부분의 중심을 수놓을 차례입니다. 잎 중심선까지 길이가 1cm를 넘으므로 땀을 나누어 놓아야 합니다. 1cm가 넘지 않는 정도로 1땀을 놓습니다.

3 옆의 땀보다 길거나 짧게 놓습니다.

4 길이가 긴 곳은 옆의 땀보다 길거나 짧게 몇 땀을 놓습니다.

5 길이가 긴 곳만 비어두고 나머지를 먼저 채웁니다.

6 빈 곳을 채울 차례입니다. 빈 부분을 채운다는 느낌으로 바늘을 올립니다.

7 앞서 놓은 수결과 같은 각도로 중심선까지 바늘을 꽂습니다.

8 같은 방법으로 빈 곳을 채웁니다.

9 반대쪽도 같은 방법으로 채웁니다.

🌱 결각이 있는 잎

1 단풍잎처럼 결각이 심한 모양은 잎의 중심선을 표시한 후에 튀어나온 꼭짓점을 모두 연결해서 수결을 나누어주면 쉽습니다.

2 튀어나온 부분을 연결해서 선을 표시했으면 다음으로 다시 들어간 부분을 모두 연결합니다.

3 가운데 모양을 가장 먼저 수놓습니다. 수결을 찾습니다. 아래쪽 들어간 부분에 미리 표시해둔 선과 같은 각도로 수결을 그립니다.

4 표시한 수결에 맞춰 반쪽을 사선 평수로 놓습니다.

5 나머지 반쪽도 수놓습니다. 하나가 완성되었습니다.

6 바로 옆의 모양을 수놓습니다. 같은 방법으로 먼저 수놓은 가름수의 끝선과 같은 각도로 수결을 표시합니다.

7 옆의 잎을 수놓습니다.

8 가운데 잎을 중심으로 반대쪽 잎도 수놓고, 나머지 모양도 같은 방법으로 수결을 찾아서 표시합니다.

9 수결에 맞춰 가름수를 놓습니다. 이처럼 결각이 있는 잎은 튀어나온 부분과 들어간 부분을 모두 한 점으로 연결해서 수놓을 면을 세부로 나누고, 각각의 수결이 자연스레 연결되도록 가름수를 놓으면 됩니다.

자련수

자련수는 넓은 면을 채우는 대표적인 기법으로 땀의 길이를 서로 다르게, 즉 불규칙적으로 길고 짧게 반복하여 표현합니다. 단계별로 색상을 달리하면 농담과 명암을 표현할 수 있고 복잡하고 세밀한 묘사나 사실적 표현을 가능케 하므로 자수에 회화성을 부여하는 고급 기법입니다.
꽃잎, 잎사귀, 나무의 줄기, 곤충의 몸체 등 선이 아닌 모든 면에 사용할 수 있습니다.

수놓는 법 예시

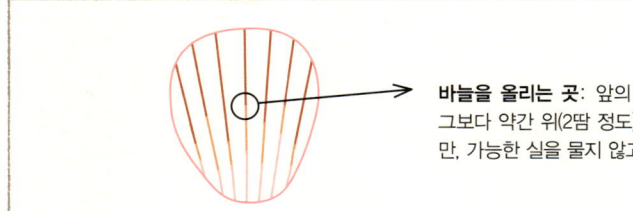

바늘을 올리는 곳: 앞의 땀이 끝나는 곳에서 바늘을 올리지 않고, 그보다 약간 위(2땀 정도)로 바늘을 올림. 앞의 땀 실을 물기도 하지만, 가능한 실을 물지 않고 면을 채우는 것이 좋음.

✔ 자련수의 수결

수결이란 수를 놓는 방향과 각도를 뜻합니다. 어떻게 수결을 낼 것인지는 표현 대상의 모양에 따라서 달라집니다. 여기서는 수결의 기본 원칙에 관해서 설명하겠습니다. 수결의 기본은 표현 대상의 특징을 살리면서 가지런하고 완만한 각도를 유지하는 것입니다. 수결이 곱게 잘 표현되면, 여러 색을 쓰지 않아도 그것만으로도 아름다운 느낌을 줍니다. 또한 같은 색상일지라도 수결에 따라서 색상이 다르게 느껴지기도 합니다. 그만큼 수결이란, 미술에서 다른 장르(수채화, 유화 등)와 구분되는 '자수'의 특징이라고 할 수 있습니다. 아래 몇 가지 예를 통해서 수결을 찾는 법을 알아보겠습니다.

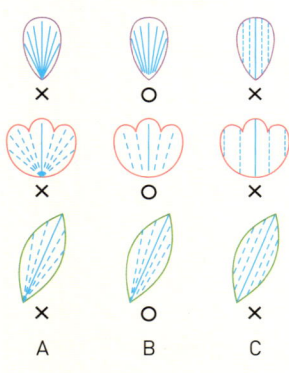

● **수결 찾는 방법**

1) 수놓을 대상의 형태를 면밀히 살펴 수결의 기준이 될 중심선을 표시한다.
2) 먼저 표시한 중심선에서 대상의 외곽선까지 거의 나란하게, 완만한 기울기로 세부 수결을 표시한다. 중심에서 외곽선까지 수결이 급격히 넓어지거나 좁아지지 않도록 주의한다.

A 중심으로 급격하게 모아진 각도 X
B 중심으로 완만하게 모이는 각도 O
C 중심과 평행한 각도 X

자련수 예시

🌱 수놓는 법

1 사각형을 자련수로 채워보겠습니다.

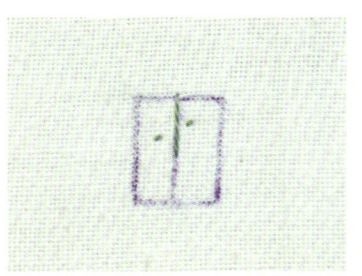

2 수결을 세로로 하겠습니다. 먼저 중심에 기준선을 표시하고 여기에 1땀을 놓습니다.

3 중심에 놓은 1땀 옆으로 그것보다 길게 1땀을 놓습니다.

4 계속해서 옆으로 짧은 땀과 긴 땀을 반복해서 놓습니다.

5 나머지 반쪽도 같은 방식으로 길거나 짧은 땀을 반복하여 1단을 완성합니다.

6 다음 단을 채워보겠습니다. 첫 단처럼, 다음 단에서도 중심선에 먼저 바늘을 올립니다. 빈 곳을 채운다는 느낌으로 비어 있는 곳에(1단의 짧은 땀 약간 위로) 바늘을 올립니다.

7 1땀을 건너서 다시 바늘을 올립니다. 첫 단에서 짧은 땀으로 채워진 곳을 메웁니다.

8 마찬가지로 가운데부터 바늘을 올려 빈 곳을 채워나갑니다.

9 자련수가 완성되었습니다. 평수와 달리 땀 길이에 변화를 주어 면을 채우는 기법입니다.

꽃잎

1 가운데 꽃잎이 제일 위로 나온 모양이
므로 먼저 수놓습니다. 수결을 잡기 위
해서 중심선을 표시합니다.

2 위가 넓고 아래로 갈수록 좁아지는 모
양의 꽃잎입니다. 모양에 맞춰 수결을
잡습니다. 중심선에서 거의 나란하게
하여 아래로 갈수록 중심으로 약간 모
이도록 수결을 표시합니다.

3 가운데 선에 첫 땀을 놓고, 옆으로 길고
짧은 땀을 반복하여 수놓습니다.

4 나머지 반쪽도 같은 방법으로 길고 짧
은 땀을 반복하여 수놓습니다. 표시한
수결에 맞춰 실의 방향도 조금씩 틀어
주어야 합니다.

5 이번에는 첫 단의 짧은 땀을 먼저 메우
지 않고 순서대로 해보겠습니다. 다른
색의 실로 첫 단의 짧은 땀을 연장해서
1땀을 놓습니다.

6 바로 옆에서 긴 땀을 연장할 수 있게 바
늘을 올려서 1땀을 놓습니다.

7 첫 단이 놓인 순서대로 땀을 길거나 짧
게 반복하여 반쪽을 채웁니다. 꽃잎 모
양대로 아래로 갈수록 수결을 조금씩 틀
어야 합니다. 나머지 부분도 채웁니다.

* 앞에서 사각형을 자련수로 채울 때는 첫 단의
짧은 땀들을 먼저 연결시켜 1땀씩 내었고, 이
번에는 첫 단의 짧은 땀과 긴 땀을 순서대로
연결하여 1땀씩 내었습니다. 두 방법을 모두
연습해보고 자신에게 맞는 방법으로 합니다.

8 나머지 반쪽도 같은 방법으로 하여 1단
을 완성합니다. 아랫 부분도 중심에서
부터 바늘을 올려 남은 부분을 수놓습
니다.

9 마지막 단이 모두 채워졌습니다.

10 왼쪽 꽃잎을 수놓아보겠습니다. 꽃잎 일부가 뒤로 숨어 있습니다. 기화펜으로 숨은 꽃잎을 그려봅니다. 수결을 찾기 쉬워졌습니다. 중심선을 표시하고, 중심선에서 완만하게 꽃잎의 모양대로 수결을 잡습니다.

11 중심에 첫 땀을 내고, 그것보다 길거나 짧게 반복하여 반쪽을 채웁니다.

12 나머지 반쪽도 길고 짧은 땀을 반복하여 채웁니다.

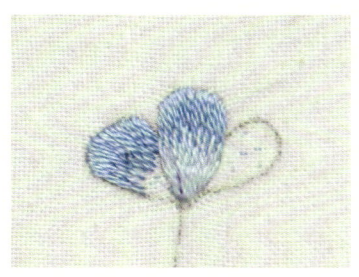

13 아래 단을 할 차례입니다. 마찬가지로 중심에서 빈 곳으로 바늘을 올립니다.

14 바늘을 올렸다 내렸다 반복하여 들쭉날쭉하게 땀을 냅니다.

15 나머지 반쪽도 채우기 위해서 중심에서부터 1땀을 놓습니다.

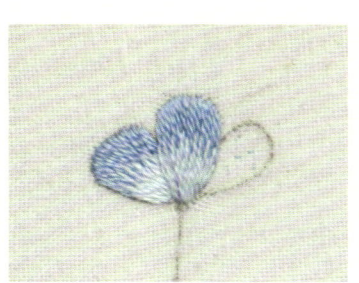

16 왼쪽 꽃잎이 완성되었습니다.

17 오른쪽 꽃잎도 역시 뒤로 숨은 모양을 그린 다음 수결을 잡아봅니다.

18 앞의 방법대로 수놓습니다. 자련수로 꽃잎 3장이 모두 완성되었습니다.

우련수

우련수는 평수로 색의 농담을 표현하는 방법으로 자련수로 표현하기 어려운 작은 잎 등에 주로 사용합니다. A색에서 B색으로 변화를 줄 때, 기본 공식은 "AAAAABAABABBBABBBB"입니다.

🌱 수놓는 법 예시

1 우련수의 공식에 따라 직사각형에 세 가지 색으로 농담을 표현해보겠습니다.

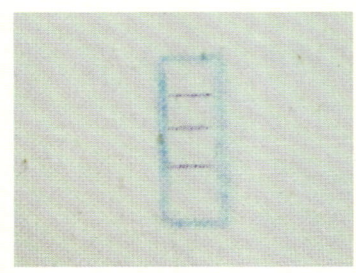

2 수결을 표시합니다.

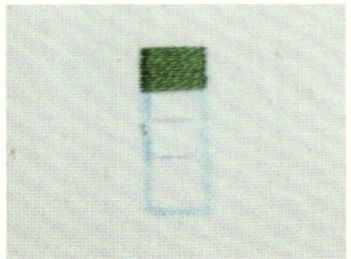

3 A색을 일정량 평수로 놓습니다.

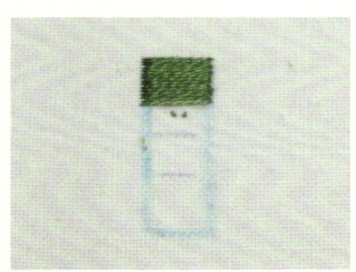

4 B색을 1줄 놓습니다.

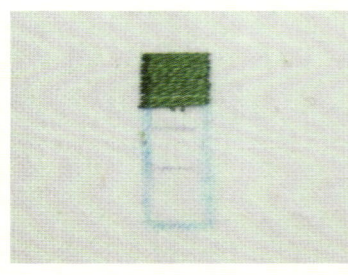

5 다시 A색을 2줄 놓습니다.

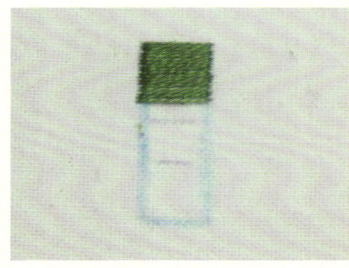

6 B색을 1줄 놓습니다.

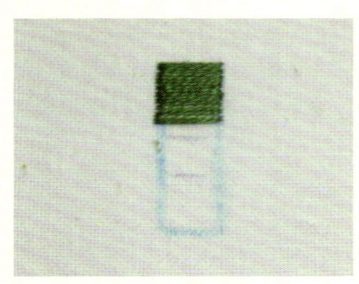

7 A색을 1줄 놓습니다.

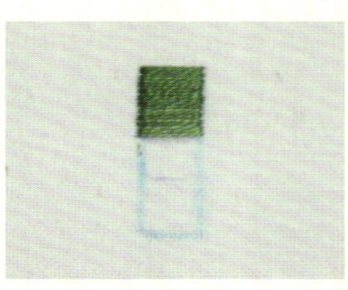

8 B색을 3줄 놓습니다.

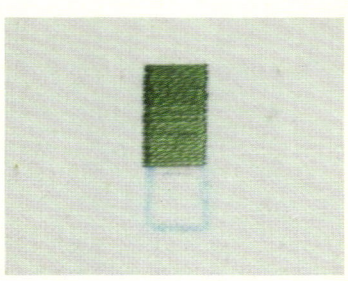

9 A색을 1줄 놓은 다음 B색을 일정량 놓습니다.

10 C색을 1줄 놓습니다.

11 앞의 단계처럼 B색을 2줄, C색을 1줄, 다시 B색을 1줄 놓습니다.

12 C색을 3줄 놓습니다.

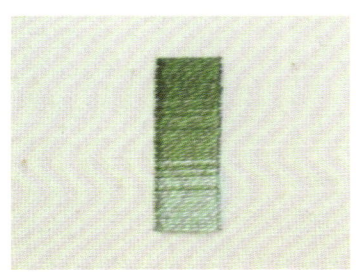

13 B색을 1줄 놓은 다음 C색으로 마무리 합니다.

이렇듯 우련수는 A색에서 B색으로 명암을 넣을 때, 공식처럼 A색은 서서히 사라지고 B색은 서서히 나타나되, 두 색이 서로 교차하면서 중간색을 만듦으로써 자연스럽게 색의 농담에 변화를 주는 것입니다. 위의 예는 이해가 쉽도록 기본 공식대로 색을 교차시켰지만 실제 자수를 놓을 때는 공식에 얽매이지 말고 원리를 이해하여 수놓는 것이 좋습니다. 자련수는 땀의 길이에 변화를 주어서 색의 농담을 만드는 것이고, 우련수는 같은 수결로 놓되 두 가지 색을 서로 교차시켜서 색을 만드는 것입니다. 모두 고급 기법으로 꾸준한 연습이 필요합니다.

PART 3

실전 작품 수놓기

바늘방석

첫 자수로 호박 바늘방석을 만들어보겠습니다.

기초적인 매듭수, 이음수, 가름수만으로 간단한 꽃을 놓아보려 합니다.

봉긋봉긋한 느낌이 매력인 매듭수로 꽃을 수놓습니다. 예시처럼 한 줄기만 놓아도 되고, 둘레를 채워 두 줄기를 놓아도 됩니다. 수를 놓은 바늘방석을 다양한 크기로 만들어 모아놓으면 그것만으로도 장식 효과가 있습니다.

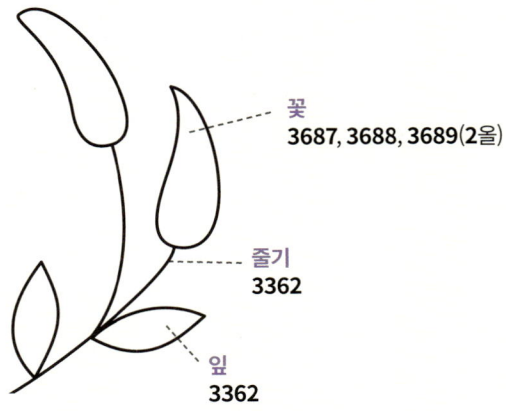

꽃
3687, 3688, 3689(2올)

줄기
3362

잎
3362

🌿 줄기와 잎

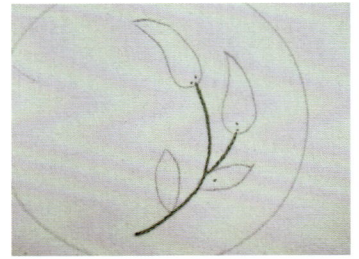

1 줄기를 1올 이음수로 수놓습니다. 땀을 짧게 내어 매끈한 곡선으로 표현합니다.

2 잎을 가름수로 놓습니다. 기화펜으로 수결을 표시합니다.

3 표시한 수결에 맞게 잎을 가름수로 채웁니다.

🌿 꽃

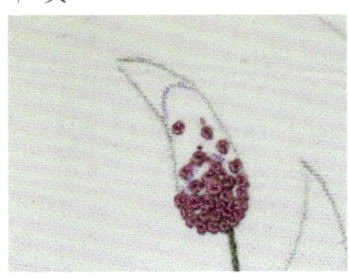

4 2올로 2번 감기 매듭수로 꽃을 수놓습니다. 세 가지 색상으로 아래쪽은 어둡고 위로 갈수록 밝아지게 명암을 표현합니다. 먼저 아랫부분을 진한 색으로 채웁니다. 다음 색과 자연스럽게 그러데이션 되도록 퍼뜨려서 수놓습니다.

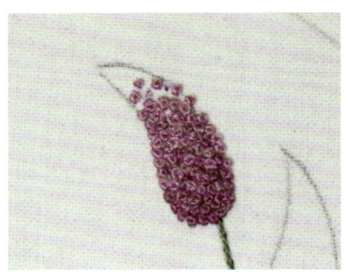

5 중간 색으로 채웁니다. 마찬가지로 밝은 색과 만나는 지점이 경계지지 않고 자연스럽게 섞이도록 색을 퍼뜨립니다.

6 끝 부분을 밝은 색으로 채우고, 옆의 꽃도 수놓습니다. 한 꽃은 밝은 색을 많이 놓고, 다른 꽃은 어두운 색을 더 많이 수놓아보세요. 두 꽃의 배색을 달리해 단조로움을 보완합니다.

🌱 바늘방석 만들기

1 지름 9cm 크기로 앞판을 그려서 시접을 1cm가량 남겨두고 자릅니다. 뒤판도 같은 크기로 준비합니다.

Tip 본의 크기를 더 크게 해도 됩니다. 적당한 둘레의 접시나 CD 등을 이용해서 원을 그리면 편합니다.

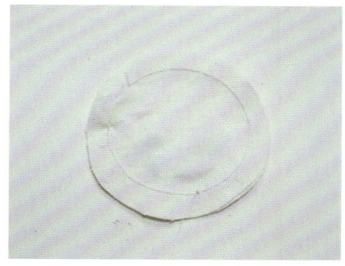

2 앞판의 겉면과 뒤판의 겉면을 서로 마주 대고 겹친 후 창구멍을 4cm 정도 남겨두고 촘촘하게 박음질합니다.

3 시접에 가위집을 냅니다. 겉면이 바깥으로 나오도록 창구멍으로 천을 빼내어 뒤집은 다음, 솜을 넉넉하게 넣고 공그르기로 마무리합니다.

4 바탕천과 같은 색상의 실 4올을 방석 둘레의 9배 정도 길이로 준비합니다. 방석의 중심을 바늘로 앞에서 뒤로, 뒤에서 앞으로 2~3번 통과해서 징급니다.

5 바늘로 중심을 통과해서 수평으로 반씩 나눠서 징급니다. 이때 방석 솜을 손으로 힘껏 누르면서 실을 짱짱하게 당깁니다.

6 수평으로 반쪽을 나눠서 실로 감은 다음 같은 방법으로 수직을 반씩 나눠서 실로 짱짱하게 조여 고정합니다. 바늘방석이 4등분 되었습니다.

7 4등분 된 것을 다시 반반씩 나눠서, 방석을 8등분 합니다.

8 방석 가운데에 단추를 끼워 마무리합니다. 방석 뒷면으로 바늘을 통과해서 매듭을 튼튼하게 지으면 완성입니다.

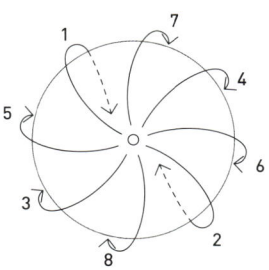

바늘방석 바느질하는 순서

열쇠고리

간단한 기초 수법만으로도 꽃을 수놓을 수 있습니다.
네 가지의 꽃을 색상과 표현법을 서로 달리하여 만들었
습니다. 수법도 쉽고 시간도 오래 걸리지 않으므로 열쇠
고리나 브로치, 머리핀 등 간단한 생활 소품으로 완성
하여 주변 사람에게 선물하기 좋습니다.

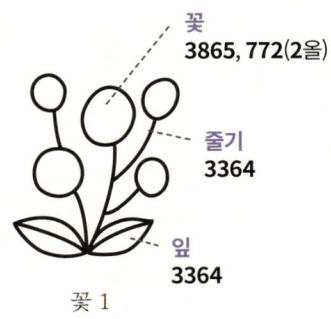

꽃
3865, 772(2올)

줄기
3364

잎
3364

꽃 1

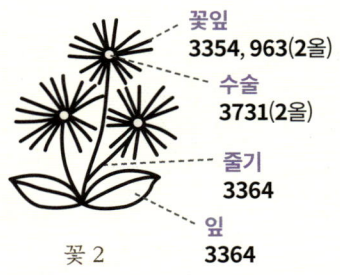

꽃잎
3354, 963(2올)

수술
3731(2올)

줄기
3364

잎
3364

꽃 2

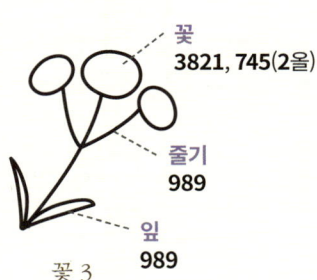

꽃
3821, 745(2올)

줄기
989

잎
989

꽃 3

꽃
800, 809(2올)

줄기
989

잎
989

꽃 4

🌿 꽃 1

1 줄기를 이음수로 놓습니다.

2 2올 2번 감기 매듭수로 꽃 모양을 둥 글게 다듬어가며 채웁니다.

3 잎을 가름수로 놓습니다.

🌿 꽃 2

1 줄기를 1올 이음수로 놓습니다.

2 꽃을 2올 선수로 놓습니다.

3 꽃 중앙에 2올 3번 감기 매듭수를 놓 고, 가름수로 잎을 수놓습니다.

꽃 3

1 줄기는 이음수로, 잎은 사선 평수로 놓습니다.

2 2올 2번 감기 매듭수로 꽃을 수놓습니다. 진한 색으로 아랫부분을 먼저 놓아 줍니다.

3 밝은 색으로 나머지를 메웁니다.

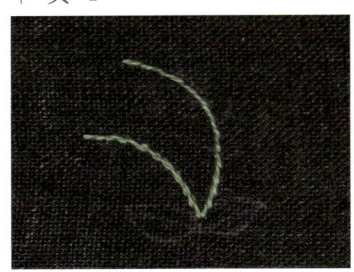  

꽃 4

1 줄기를 이음수로 놓습니다.

2 잎을 가름수로 놓습니다.

3 꽃을 선수로 놓습니다. 1땀 길이를 2mm 정도로 해서 한 꽃 당 3땀을 수놓습니다. 앙증맞은 작은 꽃이므로 땀 길이가 길어지지 않도록 주의합니다.

🌱 열쇠고리 만들기

1 재료를 준비합니다. 수놓은 천에 열쇠
고리 동판을 대고 테두리 선을 그립니
다. 그 테두리에서 0.7cm 정도 간격을
두고 원을 하나 더 그립니다. 그 원에서
다시 1cm를 띄워 원을 그리고 가위로
외곽선을 자릅니다.

2 열쇠고리 프레임 지름의 10배 정도 길
이의 실로 가운데 원을 촘촘하게 홈질
합니다.

Tip 얇은 천일 경우 동판이 비치거나 천이 손
상되지 않도록 사진처럼 동판에 한지를
덧발라주세요.

3 수놓은 천 뒷면에 동판을 올려서 홈질
한 실을 당깁니다.

Tip 조금씩 천천히 당깁니다. 한 번에 급격히
당기면 천이 뜯어지거나 실이 끊어질 수
있습니다.

4 자수가 프레임의 중앙에 오도록 앞면을
보면서 실을 당겨 모양을 잡습니다.

5 반듯한 원이 되도록 바늘로 천을 1땀
씩 떠서 별 모양을 그리며 징급니다.

6 뒷면이 마무리된 모습입니다. 매듭을
튼튼히 지어 마무리합니다.

7 뒷면과 열쇠고리 프레임에 목공용 풀을
골고루 펴 바릅니다.

8 손으로 꾹 눌러서 고정합니다.

Tip 열쇠고리 위에 무거운 책 같은 것을 몇 시
간 정도 올려두면 튼튼하게 고정됩니다.

강아지풀

강아지풀은 흔하게 볼 수 있는 잡초로 이름처럼 생김새가 강아지를 닮아 우리에게 친근한 야생초입니다. 실같이 가는 줄기 끝에 몽글몽글한 씨앗과 보드라운 털이 바람에 넘실대는 모습은 강아지가 꼬리를 살랑살랑 흔드는 것만 같습니다.
화려한 꽃이 없어도 수를 놓고 싶은 매력적인 풀입니다. 봄에는 연두, 여름엔 초록, 가을엔 황금색으로 빛납니다. 그중 가을의 모습으로 표현했습니다. 보송보송한 털의 느낌을 살려서 수놓아보세요.

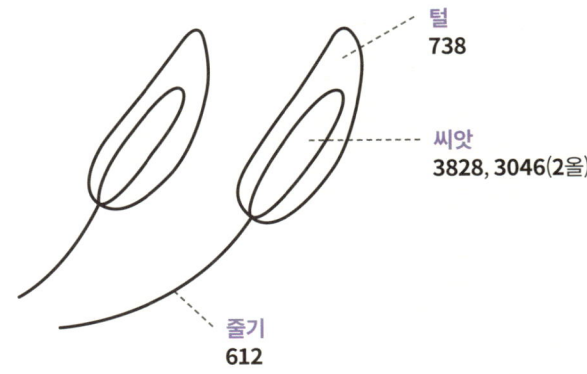

털
738

씨앗
3828, 3046(2올)

줄기
612

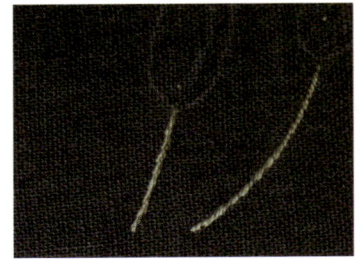

1 줄기를 2올 이음수로 수놓습니다.

2 강아지풀 중심에 2올 2번 감기, 2올 1번 감기 매듭수로 씨앗을 만들어줍니다. 씨앗 부분은 털이 덮이므로 빽빽하지 않고 성글게 수놓습니다.

3 한 땀 한 땀 선수로 털을 만들어줍니다. 먼저 드문드문 일정 결을 잡아주고,

4 그것보다 약간 짧거나 약간 길게, 입체감과 사실감을 위해 결도 약간씩 다르게 하여 계속 털을 답니다. 털을 삐치는 방향이 위로만 향하면 괜찮습니다.

5 씨앗 양옆으로 털을 달고, 씨앗 위 수직 방향으로도 털을 답니다. 강아지풀을 상상하면서 수를 놓아보세요.

6 나머지 강아지풀도 마찬가지로, 씨앗을 먼저 만들어주고 위로 털을 삐칩니다.

개아마

개아마는 가느다란 줄기 끝에 듬성듬성 피는 연보랏빛 작은 꽃이 깜찍한 야생화입니다. 식물 이름에 붙은 '개'라는 접두사에는 '야생'이나 '질이 떨어지는', '흡사하지만 다른' 등의 의미가 있습니다. 개아마도 마찬가지입니다. 리넨 섬유의 원료가 되는 아마와 흡사한 꽃입니다. 아마보다 크기가 더 작고 들에서 자라니 야생 아마라고 할 수도 있겠습니다. 볕이 잘 드는 곳에서 자라며 햇살이 뜨거운 여름에 꽃을 피웁니다.

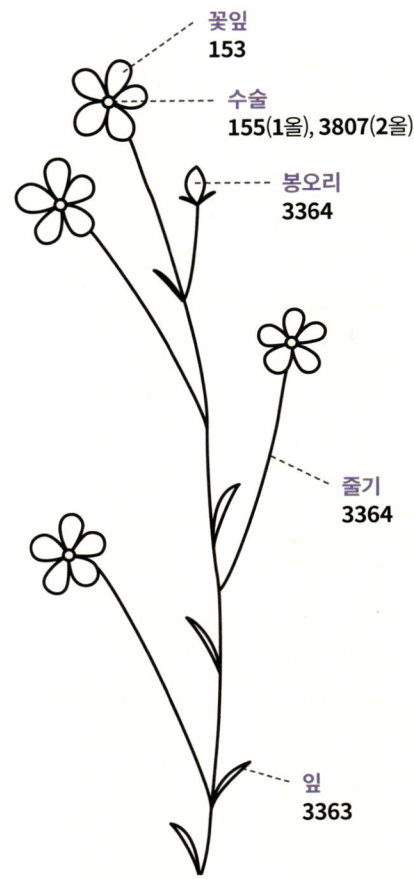

꽃잎
153

수술
155(1올), 3807(2올)

봉오리
3364

줄기
3364

잎
3363

1 꽃잎을 평수로 놓습니다.

2 나머지 꽃잎도 모두 완성합니다.

Tip 작은 꽃을 자수로 완벽하게 표현하기는
어렵습니다. 꽃잎 한 장 한 장은 부족하게
표현되더라도 완성하고 나면 전체 형태와
색상이 눈에 들어오기 때문에 부족한 부
분이 상쇄됩니다. 원하는 대로 세부 모양
이 표현되지 않아도 끝까지 완성하는 습
관을 들입니다.

3 각 꽃잎의 중심에 파란색으로 1땀씩 선
수를 놓습니다.

4 꽃 중앙에 2올 2번 감기 매듭수를 놓습
니다. 꽃봉오리는 평수로 놓습니다.

5 꽃봉오리에 꽃받침을 답니다. 양옆을
선수로 1땀씩 감싸고, 중앙에도 1땀을
냅니다.

6 줄기를 이음수로 놓습니다. 작은 꽃이
므로 줄기를 가늘게 표현하세요.

7 가느다란 잎을 이음수로 놓습니다. 줄
기보다 굵게, 이음수로 적당한 잎의 두
께를 만들어보세요.

미나리아재비

미나리아재비는 대표적인 봄 들꽃 중 하나로 습기가 많은 풀숲에서 자랍니다. 꽃잎이 5장으로 동그랗고 맑은 노란색인데, 표면에 기름을 칠한 듯 반짝반짝 윤이 나서 더 해맑아 보입니다. 여럿이 무리지어 피어나는 모습은 병아리 떼를 연상시킵니다. 그래서일까요? 꽃말도 '천진난만'입니다.

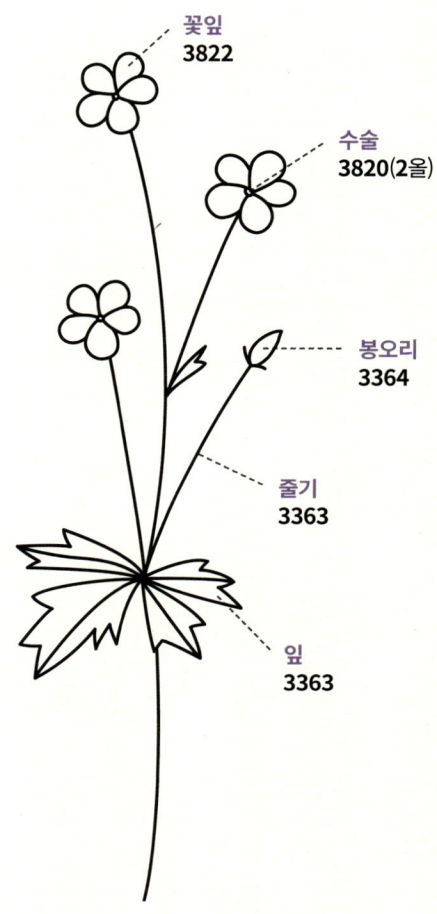

꽃잎
3822

수술
3820(2올)

봉오리
3364

줄기
3363

잎
3363

1 꽃을 평수로 놓습니다. 꽃잎마다 수결이 될 중심선을 표시합니다.

2 꽃잎을 모두 평수로 완성합니다.

3 2올 1번 감기 매듭수로 꽃 중앙을 채웁니다. 4~5땀 정도면 됩니다.

4 개아마와 같은 방법으로 꽃봉오리를 수놓습니다.

5 줄기를 이음수로 놓습니다. 줄기가 잎 뒤에 있어서 잎을 먼저 놓는 게 편하지만, 모양은 큰 차이가 없으므로 줄기를 먼저 놓아도 됩니다.

6 잎을 가름수로 놓습니다. 복잡한 잎 모양은 낱장으로 나눠서 중심 잎맥을 잡아준 후 가름수로 놓으면 쉬워집니다.

7 표시한 중심선(잎맥)의 반쪽을 놓습니다. 삐죽삐죽한 모양도 잘 살려서 수놓아보세요.

8 나머지 반쪽도 가름수로 놓고, 다른 잎도 완성합니다.

9 위의 작은 잎은 사선 평수로 놓습니다.

여뀌

여뀌는 늦여름에서 가을까지 피는 우리 들꽃입니다. 개울가나 습한 풀숲이면 전국의 어디서나 쉽게 만날 수 있습니다. 꽃줄기에 쌀알보다 작은 꽃 여럿이 다닥다닥 붙어 피어 단번에 알아볼 수 있습니다. 꽃망울의 색은 짙은 분홍색이고 5장의 작은 꽃잎이 톡톡 펼쳐지면 더욱 밝은 빛을 띱니다. 멀리서 보면 흰색에서 짙은 분홍까지 여러 색의 꽃이 모여 있는 느낌을 자아냅니다.

꽃의 생김과 색, 줄기와 잎의 선이 들꽃을 대표할 만큼 아름답습니다. 표현법도 여러 가지입니다. 그 중 누구나 쉽게 놓을 수 있는 수법으로 표현하였습니다.

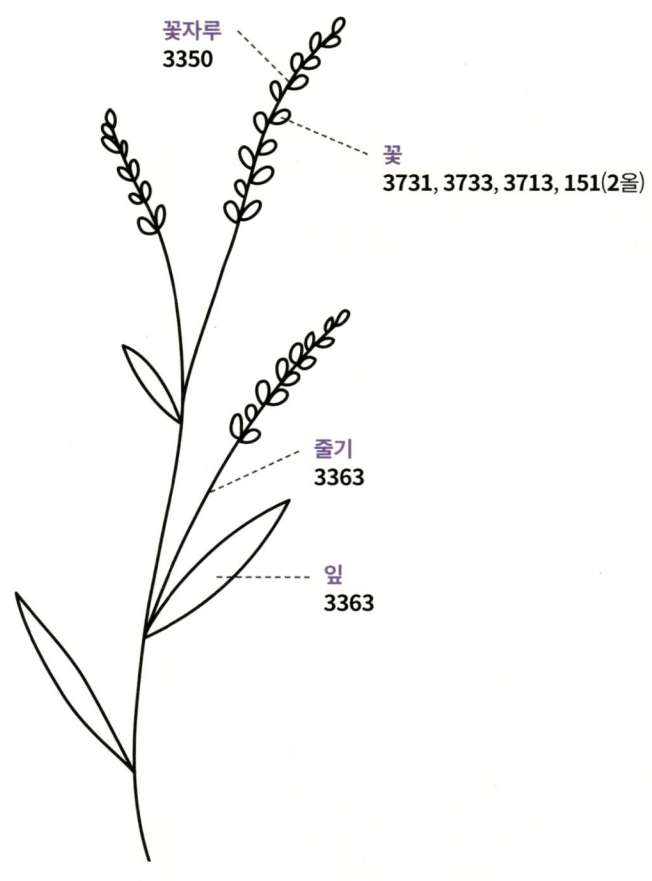

꽃자루
3350

꽃
3731, 3733, 3713, 151(2올)

줄기
3363

잎
3363

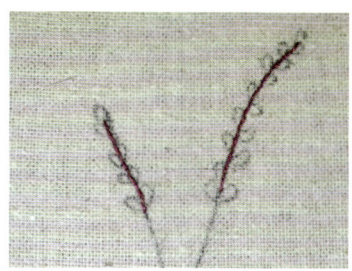

1 꽃자루 부분을 이음수로 수놓습니다.

2 초록색 실로 바꿔 줄기 부분을 이음수로 연결합니다.

3 꽃을 2올 평수로 놓습니다.

4 여러 가지 꽃 색을 조화롭게 배치하여 수놓아보세요.

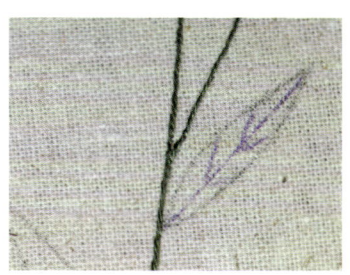

5 잎을 가름수로 놓습니다. 수결을 표시합니다.

6 표시한 결에 맞춰 가름수로 채웁니다.

왜지치

왜지치는 지치과의 작은 꽃입니다. 접두사 '왜'는 작다는 뜻입니다. 왜솜다리, 왜현호색, 왜당귀, 왜제비꽃 등 꽃 이름에 '왜'가 붙으면 작은 꽃이라고보면 됩니다. 밭둑에서 흔히 볼 수 있는 작은 들꽃 꽃마리와 원예종 꽃인물망초를 닮아 '숲꽃마리', '임생물망초'라는 별칭으로도 부른답니다. 두 꽃에 비해 왜지치는 우리나라 북부지방의 높은 산에서만 볼 수 있는 희귀 야생화입니다. 높은 산과 맞닿은 푸른 하늘을 닮은 빛깔에 꽃잎 양 끝의 하얀무늬와 노란 수술이 어여쁩니다.

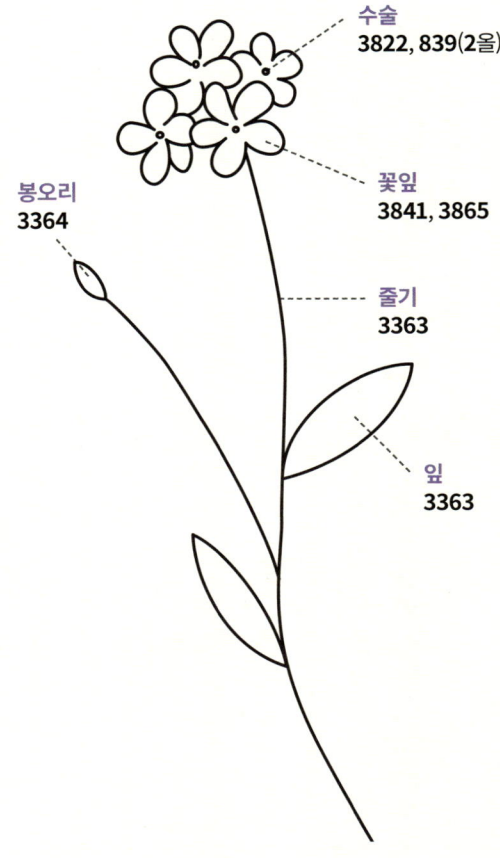

수술
3822, 839(2올)

꽃잎
3841, 3865

봉오리
3364

줄기
3363

잎
3363

1 꽃을 평수로 놓습니다. 먼저 중심선을 표시합니다.

2 꽃 네 송이 중에서 가장 앞으로 나온 모양을 먼저 놓습니다.

3 그다음 앞으로 나와 있는 꽃부터 시계 방향으로 한 송이씩 놓습니다.

4 흰색 2올로 꽃잎과 꽃잎 사이에 1땀씩 선수를 놓습니다.

5 꽃 중앙에 2올 1번 감기 매듭수를 하나씩 놓습니다. 정중앙에 놓아야 균형감이 느껴집니다.

6 2올 1번 감기 매듭수로 꽃잎 하나당 하나씩 총 5개를 둘러줍니다.

7 앞의 꽃들과 같은 방법으로 꽃봉오리를 놓고 줄기를 이음수로 놓습니다.

8 잎을 가름수로 놓기 위해 수결을 먼저 표시합니다.

9 표시한 수결대로 가름수를 놓습니다.

매화

매화는 선비의 기상을 상징하는 사군자인 매란국죽梅蘭菊竹의 하나입니다. 아직 바람이 차가운 겨울 끝자락과 봄의 문턱에서 어느 나무보다도 먼저 꽃망울을 터뜨립니다. 모두가 웅크린 꽃샘추위에도 매화꽃에서는 봄내음이 납니다. 꽃잎은 5장이고 둥근 모양으로 다른 꽃과 달리 꽃자루가 없이 가지에서 바로 나와 전체적으로 품새가 단아해 보입니다. 한 나무에 꽃이 너무 많이 맺히지 않아 꽃과 더불어 가지와 나무의 모양새도 드러나 조화를 이룹니다. 아름답되 화려하지 않고 단정하여 고아한 아름다움이 물씬 배어납니다. 은은하고 그윽한 향기 또한 일품입니다.

모양, 빛깔, 향기가 아름다울 뿐 아니라 꽃이 가진 품성이 고매하여 예부터 즐겨 그리고 수놓다 보니 표현법도 다양합니다. 그중 자수의 기본인 평수로 쉽게 놓을 수 있게 담았습니다. 아치고절雅致孤節의 매화를 떠올리며 서두르지 말고 천천히 한 땀 한 땀 수놓아보세요.

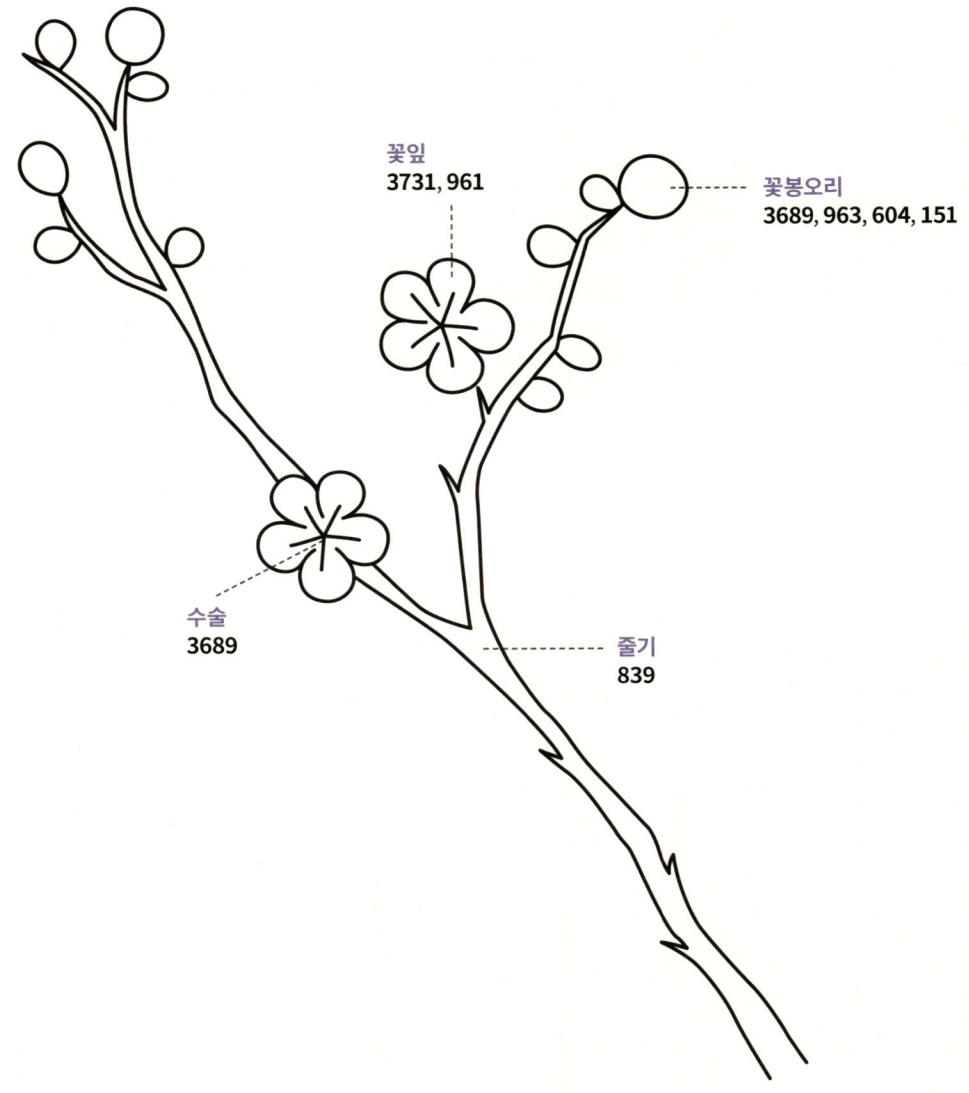

꽃잎
3731, 961

꽃봉오리
3689, 963, 604, 151

수술
3689

줄기
839

🌿 꽃

1 꽃을 평수로 놓습니다. 꽃잎마다 중심선을 표시해주세요.

2 꽃잎의 반쪽을 먼저 평수로 놓습니다. 똑같은 결로 가지런하게 놓아서 둥근 모양을 만들어보세요.

3 나머지 반쪽도 평수로 놓습니다.

4 남은 4장의 꽃잎도 같은 방법으로 수놓습니다.

🌿 줄기

5 줄기가 꽃 뒤로 숨어 있으니 꽃을 먼저 놓은 뒤 줄기를 수놓습니다. 2올 이음수로 놓습니다. 풀이 아닌 나무이므로 줄기가 굵습니다. 사선평수에 가깝게 이음수를 내어보세요. 줄기 끝 부분은 가늘고, 아래 둥치로 갈수록 굵어집니다.

6 줄기 옆에 잔가지 부분도 이음수로 표현합니다.

🌿 꽃봉오리

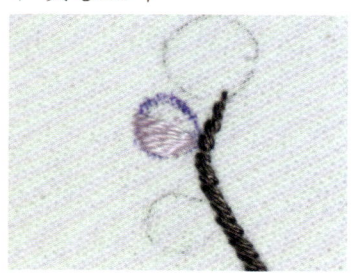

7 꽃봉오리도 평수로 놓습니다. 줄기 방향으로 수결의 중심선을 잡아서 먼저 반을 놓고, 나머지 반쪽을 놓으면 쉽습니다.

Tip 꽃봉오리의 색이 여러 가지입니다. 꽃을 가장 간단한 방법으로 표현한 대신 꽃봉오리 색을 다양하게 표현한 자수입니다. 제시된 색을 골고루 조화롭게 놓아보세요.

8 수술은 꽃봉오리 색 중 가장 밝은 색으로 각 꽃잎 당 1땀씩 선수로 표현합니다. 꽃잎의 절반 약간 넘는 길이로 수놓습니다.

9 수술대 끝에 2올 1번 감기 매듭수를 놓아줍니다.

다육이

꽃이 아니어도 수를 놓을 수 있는 식물이 우리 주위에는 많이 있습니다. 선인장이나 다육식물도 그중 하나입니다.
푸른 잎이 단조로울 수 있는 모양이지만, 화분의 질감으로 부족한 부분을 보완했습니다. 보기보다 쉽고 재미있게 놓을 수 있는 자수입니다.

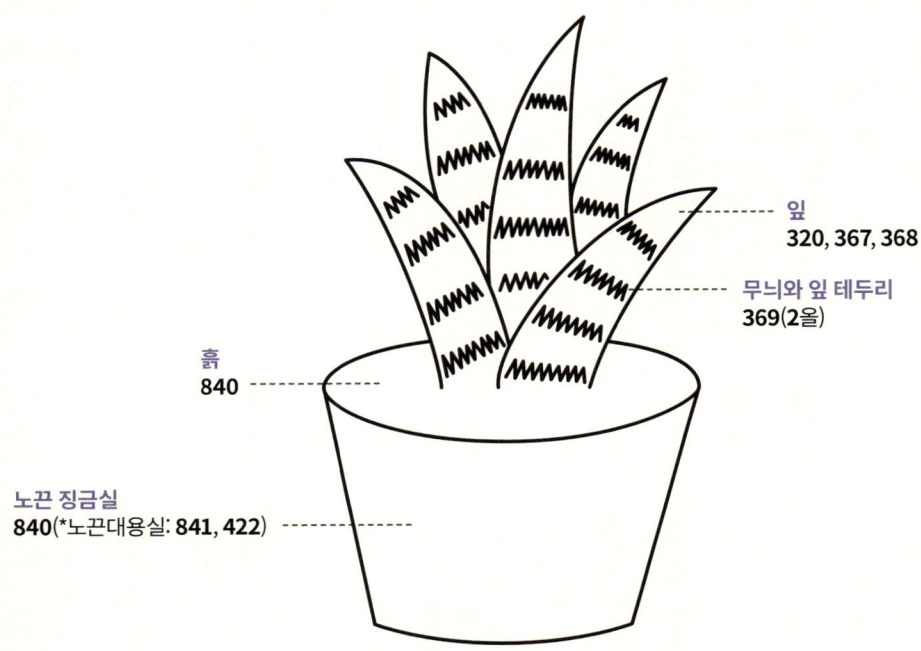

잎
320, 367, 368

무늬와 잎 테두리
369(2올)

흙
840

노끈 징금실
840(*노끈대용실: 841, 422)

잎

1 잎의 무늬를 놓습니다. 2올로 실제 무늬
   보다 약간 더 크게, 땀이 들쭉날쭉하게
   수놓습니다.

Tip 제일 앞에 나온 두 잎 먼저, 그 뒤에 있는
     잎. 다음 뒤에 있는 잎을 순서대로 수놓습
     니다.

2 면을 채울 차례입니다. 무늬가 없는 빈
   곳을 1올로 들쭉날쭉하게 채웁니다. 무
   늬 사이로, 실과 실 사이로 바늘을 넣습
   니다. 색상의 그러데이션이 아닌 무
   늬입니다. 따라서 사진처럼 땀길이가
   서로 비슷해야 합니다.

3 앞으로 나와 있는 모양부터 순서대로
   나머지 잎도 같은 방법으로 채웁니다.

4 잎의 테두리를 2올 이음수로 놓습니다.
   잎을 놓은 순서대로 하나하나 완성해나
   갑니다.

 흙

5 흙을 수놓습니다. 한 땀 한 땀 건너서
   수평으로 놓습니다.

 화분

6 징금수 기법을 사용합니다. 바늘에 징
   글 실을 2올 끼웁니다. 다음으로 노끈
   을 천 위에 올려놓고 준비해둔 실로 징
   급니다. 첫 시작 부위와 마무리 부위는
   여러 번 징거 튼튼하게 고정하세요.

7 계속해서 노끈을 징그면서 고정합니다.

Tip 1 징그는 게 어려우면 목공용 풀로 붙여도
       됩니다.

Tip 2 노끈이 없으면 수실(841 또는 422) 6올
       로 화분을 수놓아도 됩니다.

으아리

으아리는 전국의 산과 들에 자라는 덩굴식물입니다. 여름에 새하얀 꽃을 피우는데 푸른 잎과 어우러진 모습이 순수하고 정갈합니다.

꽃도 잎도 모두 자련수로 표현합니다. 그동안 평수로 자수의 기본기를 단련했다면, 이제부터는 자련수를 활용한 중급 자수에 들어갑니다. 꽃은 단색으로 쉽게 수놓을 수 있습니다. 잎은 연한 색에서 진한 색으로 농담을 줍니다. 모양도 둥글어서 꽃보다 어려울 수 있습니다. 설명대로 수결을 따라 하며 놓아보세요. 예시의 가방처럼 검은 천이 아닌 다른 유색의 천을 선택하면 더 쉽게 수놓을 수 있습니다. 흰색 꽃이라 어느 색상과도 잘 어울립니다. 다양한 용도로 활용해보세요.

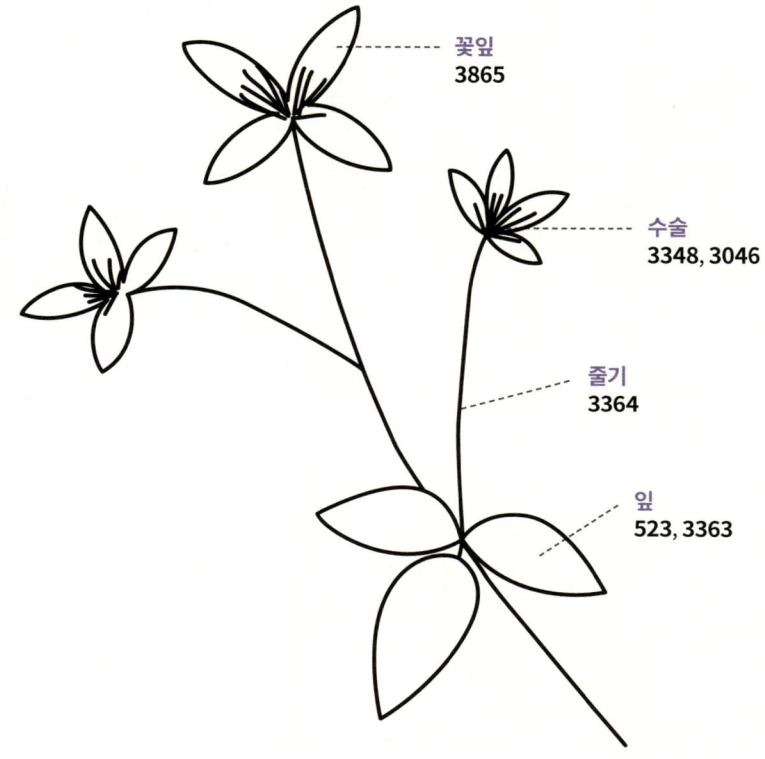

꽃잎
3865

수술
3348, 3046

줄기
3364

잎
523, 3363

1 꽃을 자련수로 놓습니다. 중심선을 표시합니다.

2 기준선에서 꽃잎 모양대로 완만한 수결로 길고 짧은 땀을 반복하여 수놓습니다.

3 같은 색으로 한 단을 더 놓아서 꽃 모양을 만듭니다.

4 나머지 꽃잎도 같은 방식으로 수놓고 수술을 표현합니다. 먼저 연두색으로 짧게 선수를 놓습니다.

5 노란색으로 땀을 더 길게 해서 수술 모양을 자연스럽게 만듭니다.

잎

6 잎이 줄기보다 앞에 있는 모양이므로 잎을 먼저 수놓는 게 편합니다. 자련수로 놓기 위해 수결을 표시해주세요. 중심선을 먼저 잡습니다. 중심선을 기준으로 완만하게 안으로 살짝 모이게 표시합니다.

줄기

7 표시한 수결대로 길고 짧은 땀을 반복하여 첫 단을 수놓습니다.

8 다음 단을 수놓습니다. 한 잎당 두 가지 색을 씁니다. 잎 끝에서부터 밝은 색을 원하는 만큼 수놓고, 나머지를 어두운 색으로 채웁니다.

9 1올 이음수로 줄기를 수놓습니다.

꽃기린

산이나 들이 아닌 화분으로 만나는 꽃기린.

1년 내내 빨간 꽃을 보여주는, 우리에게 친근한 다육식물입니다. 줄기에 가시가 많지만 잎이 동그란 타원형이어서 귀엽고 다정한 느낌입니다.

꽃도 잎도 모두 자련수로 놓습니다. 꽃 수는 색상에 변화를 주는 자련수가 아니므로, 비슷비슷한 땀으로 자련수의 수결을 익힙니다. 잎 역시 자련수로 놓되, 작은 면적에 두세 가지 색으로 명암을 넣어야 합니다. 꽃보다 세심한 주의가 필요합니다.

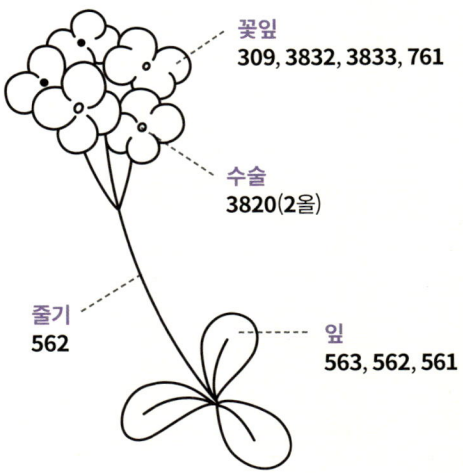

꽃잎
309, 3832, 3833, 761

수술
3820(2올)

줄기
562

잎
563, 562, 561

🌿 꽃

1 꽃을 자련수로 놓습니다. 수결의 기준이 될 중심선을 표시합니다. 올록볼록한 잎은 중심을 더 세분해서 잡아주면 편합니다.

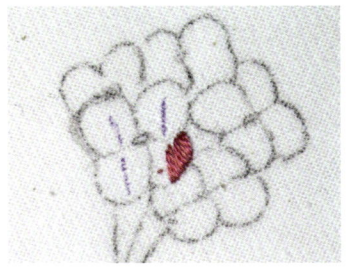

2 꽃기린은 하나의 꽃에 꽃잎 2장이 마주 보며 납니다. 꽃잎 하나의 1/4을 먼저 꽃 모양대로 수결을 내어 자련수로 수놓습니다.

3 나머지 반쪽(1/4)도 수놓습니다.

4 같은 방법으로 남은 반쪽도 수놓습니다. 올록볼록한 모양은 이렇게 세분해서 수놓으면 수월합니다.

5 남은 부분을 밝은 색으로 수놓습니다.

6 위쪽 꽃잎 1장도 같은 방법으로 수놓습니다.

 잎

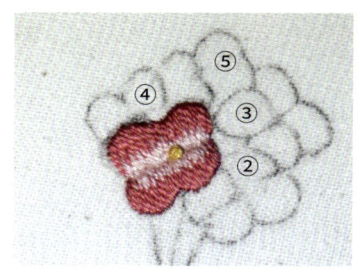

7 꽃잎의 중심에 2올 2번 감기 매듭수로 수술을 놓습니다. 나머지 꽃잎도 표시된 순서대로 수놓습니다.

8 줄기를 1올 이음수로 놓습니다. 잎은 자련수로 놓습니다. 잎의 수결을 기화펜으로 표시합니다. 중심을 먼저 잡고, 잎 모양대로 완만하게 선을 그립니다.

9 잎의 반쪽에 밝은 색으로 자련수를 1단 놓습니다.

10 나머지 반쪽도 표시한 수결대로 수놓습니다.

11 다음 색을 수놓습니다. 수결이 흐트러지지 않고, 색이 자연스럽게 섞이도록 합니다.

12 다음 색으로 빈 곳을 채웁니다. 나머지 잎도 같은 방법으로 자련수를 놓습니다. 사진처럼 한 잎당 두세 가지 색으로 명암을 표현합니다.

Tip 자련수가 어려우면 가름수로 놓아도 좋습니다. 대신 진한 색으로 잎을 수놓고, 가장 밝은 색을 사용해서 잎맥을 이음수로 놓으면 자수에 힘이 생겨 화사해집니다.

패랭이꽃

패랭이꽃은 실제로 꽃을 본 적이 없더라도 이름은 많이 들어보았을 것입니다. 그만큼 우리나라 전국의 산과 들에서 흔하게 볼 수 있는 야생화입니다. 꽃잎이 삐죽삐죽한 톱니 모양으로, 중심에 무늬가 있고 꽃대가 길쭉합니다. 그 모양이 패랭이 모자를 닮아서 패랭이꽃이 되었습니다. 구름패랭이꽃, 술패랭이꽃, 상록패랭이꽃 등 종류도 많습니다.

꽃의 색은 주로 진홍색이지만 하양, 분홍, 보라 등 다양합니다. 생명력이 강하여 바위틈 같은 척박한 환경에서도 잘 자랍니다. 서민이 쓰던 모자인 패랭이의 이름처럼 우리네 민초를 닮았습니다.

작지만 어여쁘고 소박한 듯 화사하고 생명력도 강하니 우리 조상이 사랑하지 않을 수 없던 꽃입니다. 이 때문에 매란국죽, 모란 같은 사대부의 꽃이 아님에도 옛 그림과 전통자수에서 종종 표현되었습니다.

자련수를 익히기에도 안성맞춤인 꽃입니다. 테두리의 톱니 모양을 만들어내면서 역삼각형 모양이라 수결의 변화를 주어야 하고, 꽃 중심에 다른 색상을 조합해야 하기 때문입니다. 앞에 나온 자수보다는 어려워졌지만, 패랭이꽃 자수를 여러 번 놓으면 자련수에 대한 개념도 잡히고 수결도 늘게 됩니다. 여러모로 사랑스러운 꽃입니다.

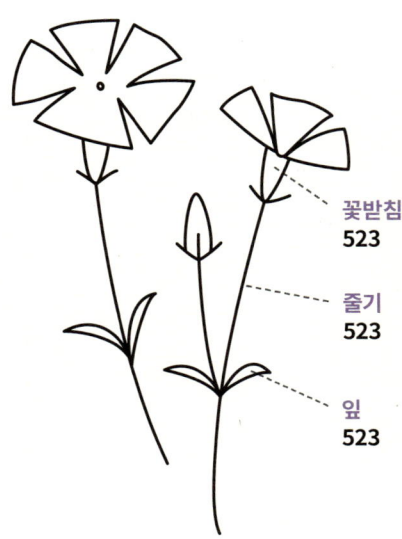

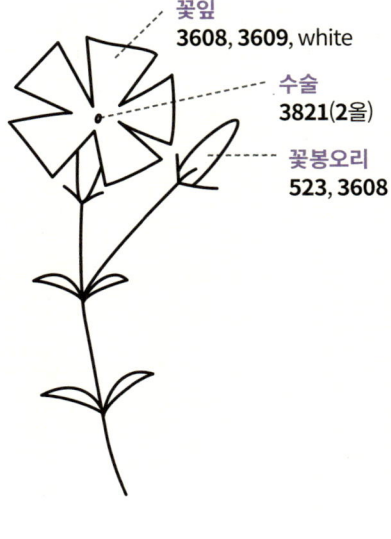

꽃잎
3608, **3609**, white

수술
3821(2올)

꽃봉오리
523, **3608**

꽃받침
523

줄기
523

잎
523

꽃

1 꽃잎을 자련수로 놓습니다. 먼저 수결을 표시합니다. 중심선을 그리고 꽃 모양대로 수결을 잡습니다. 패랭이꽃은 끝이 넓고 중심으로 갈수록 좁아지는 삼각형 모양입니다. 수결에 더 주의하며 수놓습니다.

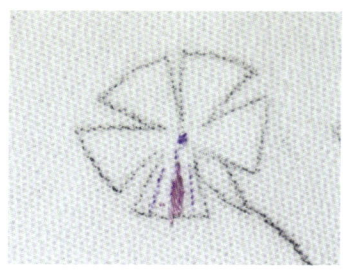

2 중심선부터 시작합니다. 도안 선 밖 1~2mm 정도 나간 곳에 1땀을 놓고, 도안 선 정도로 2땀을 나란히 놓습니다. 선 밖으로 1땀, 선 정도로 2땀을 반복해서 놓으면 꽃잎 끝의 삐죽삐죽한 톱니 모양이 쉽게 만들어집니다.

3 이런 식으로 중심의 반을 먼저 수놓고 나머지 반을 마무리하면 꽃잎 1장이 완성됩니다. 땀 길이에 변화를 주어서 꽃 중앙으로 갈수록 좁아지는 삼각형 모양을 만들어냅니다.

4 나머지 꽃잎도 수결을 표시하고 자련수로 놓습니다.

5 안쪽에 조금만 남겨놓고 분홍색으로 채웁니다. 꽃잎 안쪽에 작은 원을 그려주세요. 흰색 실을 놓을 부위입니다. 패랭이꽃의 주색은 바깥쪽 분홍색이고 흰색은 포인트 무늬입니다. 분홍색을 전체 꽃잎의 3/4 정도로 놓아야 합니다.

6 표시한 원을 기준으로 들쑥날쑥하게 흰색을 채웁니다. 흰색은 무늬이므로 땀 길이를 엇비슷하게, 큰 차이가 나지 않도록 수놓습니다.

Tip 두 가지 색상으로 자련수에서 그러데이션을 표현할 때는 땀 길이에 차이를 두어야 하지만 무늬를 표현할 때는 땀 길이가 서로 엇비슷해야 합니다.

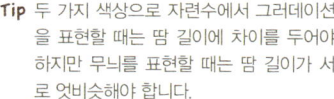

7 중심에 노란색으로 2올 3번 감기 매듭수를 하나 놓습니다. 밑의 꽃받침도 자련수로 놓습니다. 받침 모양에 맞게 수결을 내어줍니다. 중심선을 표시해서 반을 먼저 놓고, 나머지 반을 놓습니다.

🌿 줄기

8 줄기를 이음수로 놓습니다.

🌿 꽃봉오리

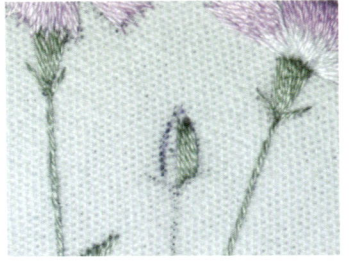

9 자련수로 꽃봉오리를 놓습니다. 끝이
   좁아지는 모양이므로 아래에서 위로
   놓는 게 편합니다. 중심선을 표시하고,
   모양대로 수결을 내어 끝 부분을 조금
   만 남겨놓고 반쪽을 놓습니다.

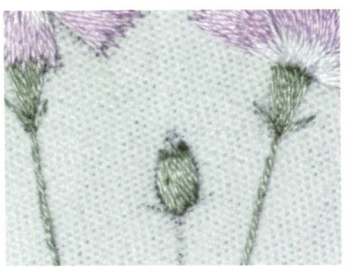

10 나머지 반도 놓습니다.

11 꽃 색상 중 가장 진한 색으로 꽃봉오
    리 끝을 채웁니다.

🌿 잎

12 끝이 좁고 휘어진 옆모습의 잎 모양
    입니다. 이런 잎은 이음수를 놓는 방
    식으로 면을 채우면 수월합니다. 이
    음수가 점점 굵어져서 사선평수가 되
    도록 수놓습니다.

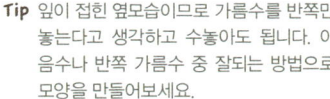

   Tip 잎이 접힌 옆모습이므로 가름수를 반쪽만
   놓는다고 생각하고 수놓아도 됩니다. 이
   음수나 반쪽 가름수 중 잘되는 방법으로
   모양을 만들어보세요.

13 한쪽을 다 놓았으면 마주 보는 잎도
    같은 방법으로 채웁니다.

손
거
울

봄맞이꽃

솔나물

솔나물

산이나 들에서 만나는 야생초 중에는 나물로 먹을 수 있는 것이 꽤 많습니다. 솔나물
도 그중 하나입니다. 봄에 난 어린 순을 데쳐서 나물이나 찌개에 넣어 먹습니다. 솔잎
처럼 가느다란 잎이 줄기를 중심으로 돌려나서 솔나물이라 부릅니다. 여름에 2mm
정도로 조그마한 노란 꽃들이 원뿔 모양으로 모여서 피는데, 향기가 매우 좋습니다.
솔나물 꽃 자수는 간단한 이음수와 선수만으로 완성할 수 있습니다. 기능보다 표현력
이 중요한 자수입니다. 꽃의 색상은 단조롭지만, 원뿔 모양의 꽃차례와 가느다란 잎의
선이 예쁜 꽃이므로 세부 묘사보다는 전체 선과 조화를 중점으로 표현하도록 합니다.

봄맞이꽃

봄맞이꽃은 이름처럼 살포시 바람이 부는 4월에 봄을 맞이하며 피는 꽃입니다. 어느
꽃보다 다정한 이름 같습니다. 5장의 흰색 꽃잎이 따스한 봄 속에서 미소를 짓듯 중심
에 노란색을 띱니다. 10cm가 안 될 정도로 키가 작고 꽃은 겨우 4mm 정도로 아주 작
아서, 멀리서 보면 하얀 점이 모여 있는 듯 보입니다. 가까이서 고개를 숙이고 보아야
얼굴을 알 수 있는 꽃입니다.
수법이 그리 어렵지 않으니, 쉽고 편하게 봄을 맞이하듯 기쁜 마음으로 수놓아보세요.

꽃잎
727, 3821(2올)

줄기
3053

잎
3363

솔나물

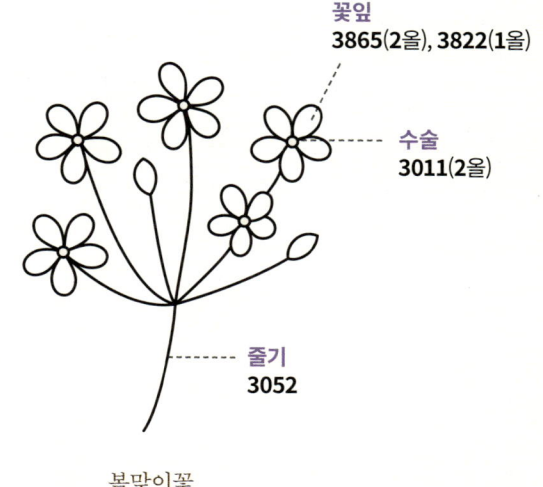

꽃잎
3865(2올), 3822(1올)

수술
3011(2올)

줄기
3052

봄맞이꽃

솔나물

🌿 줄기·잎

1. 줄기를 이음수로 놓고, 역시 잎도 이음수로 표현합니다. 뾰족뾰족한 잎 모양을 살려서 수놓아보세요.

Tip 뾰족한 모양을 만들려면, 첫 땀을 길게 놓은 뒤 다음 땀을 조금만 겹칩니다. 점차 땀 길이를 짧게 하여 앞의 땀과 많이 겹치게 수놓으면 됩니다.

🌿 꽃

2. 진한 노란색 2올로 줄기 끝 부분을 중심으로 한 땀 한 땀 자유롭게 흩뿌리듯이 놓습니다. 1땀의 길이는 2~3mm로 합니다. 십자 모양도 만들어보고, 3개가 모인 것, 2개가 모인 것, 어긋난 것 등 여러 형태로 놓아보세요. 각 줄기 당 꽃이 모여 있는 모습이 기다란 원뿔 모양이 되도록 만들면 됩니다.

3. 계속해서 밝은 노란색 2올로 땀을 덧입혀서 줄기마다 수북이 모여 핀 꽃을 만들어냅니다.

봄맞이꽃

1. 각 꽃잎에 중심선을 표시합니다.

2. 꽃을 2올 평수로 중심선과 같은 수결이 되도록 수놓습니다.

3. 꽃잎 중앙 부위에 봄맞이꽃의 특징인 노란색을 표현합니다. 가능한 한 짧게 중심을 향해 노란색으로 채웁니다.

4. 꽃 중심에 2올 2번 감기 매듭수를 놓습니다.

5. 꽃망울을 평수로 놓고, 1올 이음수로 줄기를 표현합니다.

비스카리아

지면패랭이꽃

지면패랭이꽃

지면패랭이꽃은 패랭이의 일종으로 '꽃잔디'라고도 부릅니다. 패랭이를 닮은 꽃이 잔디처럼 땅바닥을 덮으며 자라서 그런 이름이 붙었습니다.

수놓는 법은 패랭이꽃의 자수와 비슷합니다. 다만 꽃의 끝이 톱니가 아닌 하트 모양이라 패랭이보다 난이도가 높습니다. 꽃잎 표현이 다소 어렵지만 설명대로 차분히 따라 하면 예쁘게 놓을 수 있습니다.

비스카리아

비스카리아는 낯선 이름에서 느껴지듯 원예종입니다. 패랭이꽃과 같은 석죽과라서 꽃 모양새가 비슷합니다. 꽃의 색은 분홍색, 푸른색, 흰색이 있습니다. 여기서는 푸른색으로 수놓아 보겠습니다.

지면패랭이꽃과 수놓는 방법이 거의 같지만 색상이 다르고, 꽃잎 끝의 모양도 하트보다는 굽은 M자에 가깝습니다. 수술도 하나가 아닌 여러 개입니다. 잎도 패랭이보다 살짝 커졌으니 자련수로 모양을 만들면서 줄기로 갈수록 진하게 명암을 나타내보세요.

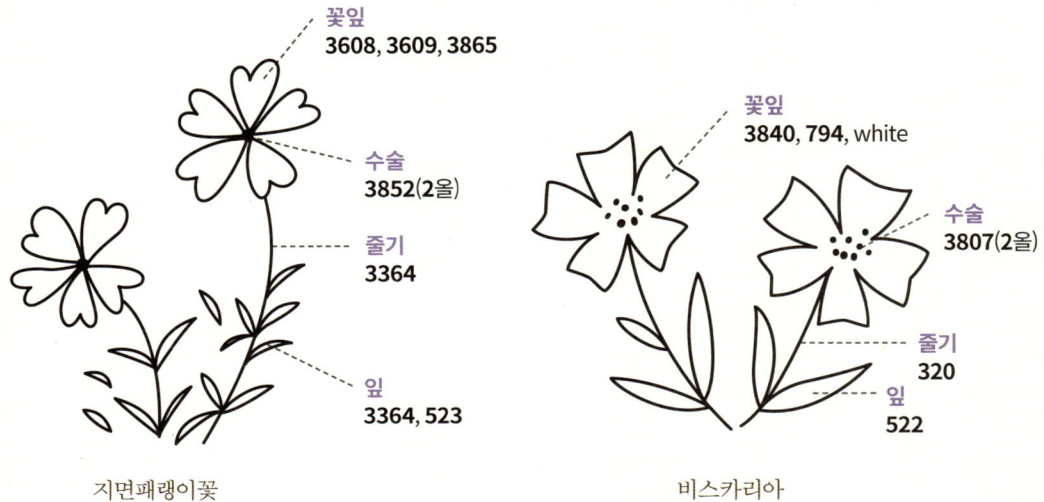

꽃잎
3608, 3609, 3865

수술
3852(2올)

줄기
3364

잎
3364, 523

지면패랭이꽃

꽃잎
3840, 794, white

수술
3807(2올)

줄기
320

잎
522

비스카리아

지면패랭이

🌱 꽃

1 꽃을 자련수로 놓습니다. 연필이나 기화펜으로 하트 모양 꽃잎의 중심선을 표시합니다.

2 꽃이 하트 모양이므로 중심선과 거의 평행한 각에서 꽃 중심으로 갈수록 살짝 모이게끔 세부 수결을 표시합니다.

3 하트모양 꽃잎의 반의반(1/4)을 먼저 자련수로 놓습니다.

4 나머지 반의반을 수놓습니다.

5 나머지 반쪽도 같은 방법으로 수놓습니다.

Tip 꽃잎 끝이 굴곡진 모양은 이처럼 수결을 세분해서 놓으면 편합니다.

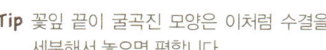

6 흰색 실로 빈 곳을 채웁니다. 나머지 꽃잎도 같은 방법으로 수놓은 후에 중심에 2올 3번 감기 매듭수로 수술을 만들어줍니다.

🌱 줄기

7 이음수로 줄기를 수놓습니다.

🌱 잎

8 사선평수로 잎을 수놓습니다.

비스카리아

✿ 꽃

1 꽃을 자련수로 놓습니다. 꽃잎의 중심 선을 그은 다음. 꽃 중앙으로 갈수록 완 만한 각도로 좁아지게 꽃잎마다 수결을 표시합니다.

2 꽃잎 중에서 가장 위에 있는 모양을 먼 저 수놓습니다. 길고 짧게 땀 길이에 차이를 주면서 표시한 수결대로 꽃잎 의 2/3 정도를 채웁니다.

3 흰색 실로 빈 곳을 채워 꽃잎 모양을 만듭니다. 이때, 땀 길이를 서로 다르게 내어 파란색 → 흰색으로 색의 변화가 자연스럽게 표현되도록 합니다.

4 다른 꽃잎도 파란색으로 2/3 정도를 수 놓은 다음 흰색 실로 마무리합니다.

5 매듭수로 중심에 꽃술을 달아줍니다. 2올로 2번 감기, 2올로 1번 감기를 섞 어서 표현합니다.

✿ 줄기

6 줄기를 1올 이음수로 놓습니다.

✿ 잎

7 잎을 자련수로 놓습니다. 중심선을 긋 고 줄기쪽으로 갈수록 살짝 모이도록 수결을 표시하세요.

8 먼저 연한 색 실로 자련수를 적당량 놓 습니다.

9 나머지 부분을 진한 색으로 마무리합 니다.

남천

남천은 예부터 조경수로 많이 심은 나무입니다. 여름에 하얀
색 꽃이 피는데 다른 나무와 달리 꽃보다 잎이 더 아름답습니
다. 길고 날씬한 잎이 3장씩 모여 나서 독특한 매력을 보여줍
니다. 남천이 특히 아름다워 보일 때는 가을에서 겨울 무렵입
니다. 푸르던 잎에 서서히 주홍빛이 돌면서 새빨갛게 단풍이
들고, 잎과 같이 붉은 열매가 포도송이처럼 주렁주렁 열립니
다. 대부분의 나무가 빈 가지만 남은 겨울에도 추위와 무관한
듯 정열적인 빨간 열매가 열려 있는 모습이 시선을 사로잡습
니다.

단풍 든 색의 변화를 자련수와 우련수의 방법으로 그러데이
션 하여 표현합니다. 우련수니 자련수니 하는 수법 명칭에 매
이면 자수가 더 어렵게 느껴집니다. 그것보다는 그림을 그리듯
한 올 한 올 실로 색상을 만들어내는 과감한 표현력이 중요합
니다.

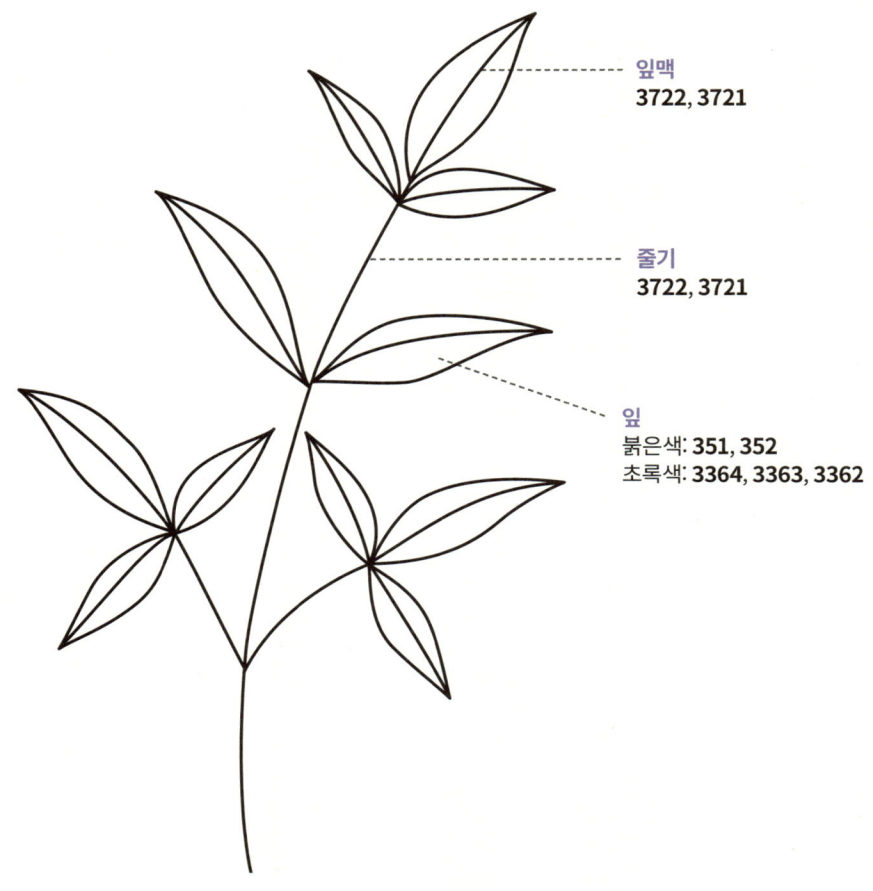

잎맥
3722, 3721

줄기
3722, 3721

잎
붉은색: **351, 352**
초록색: **3364, 3363, 3362**

1 잎맥을 이음수로 놓습니다.

2 잎맥에서 바로 줄기로 연결하여 수를 놓습니다. 줄기는 잎맥보다 굵게 표현하세요.

3 잎을 수놓습니다. 가름수의 수결을 표시합니다. 가름수의 결로 놓되 단풍 든 잎 색상 표현을 위해 우련수와 자련수 기법을 섞을 것입니다.

4 붉은색을 일정량 수놓습니다. 잎끝에서 줄기로 갈수록 붉은색이 많았다가 사라지는 느낌을 표현합니다. 단풍이 든 잎을 연상하면서 색칠하듯이 표현해보세요.

5 연한 초록색 실을 사용해 잎의 중앙부를 채웁니다. 잎끝에서 줄기 쪽으로 갈수록 붉은색 → 연초록색 → 진초록색으로 색상이 변합니다.

Tip 붉은색을 놓은 곳에 자련수 기법으로 연초록색을 채웁니다. 다음 우련수 기법으로 줄기 쪽으로 갈수록 연한 초록이 사라지면서 진한 초록이 나타나도록 표현합니다.

6 빈 곳을 진한 초록색으로 채웁니다.

7 잎의 나머지 반쪽도 같은 방식으로 붉은색을 먼저 채웁니다.

8 같은 방법으로 색 변화를 표현합니다.

Tip 다른 잎도 우련수와 자련수 기법으로 수놓되 붉은색 두 가지를 활용합니다. 어떤 잎은 진한 붉은색 → 연한 붉은색 → 초록색으로, 어떤 잎은 연한 붉은색 → 초록색으로, 단풍이 든 양도 각기 다르게 표현해보세요. 단풍든 가을 풍경을 떠올리며 한 땀 한 땀 붓으로 그리듯 수놓아보세요.

🌱 **참고**

1 초록색으로 먼저 수놓고,

2 마지막에 붉은색으로 채워도 됩니다.

Tip 찻잔 받침용 작은 잎은 줄기와 같은 실로 단풍 든 붉은색을 표현합니다. 작은 잎에 색이 많으면 자칫 지저분해 보일 수 있습니다. 색이 간소해야 깔끔합니다.

노루귀

노루귀란 이름은 잎의 모양에서 비롯되었습니다. 손가락 길이 정도로 아주 작은 키에 얼룩덜룩한 둥근 잎이 3장씩 붙어 나는데 그 모양이 꼭 노루의 귀처럼 생겼습니다. 변산바람꽃, 복수초 등과 함께 추운 겨울 끝 무렵에 꽃을 피우는 숲속의 봄의 전령사입니다.

산에서 자라는 키가 작은 야생화는 대개 겨울이 끝날 즈음에 꽃을 피웁니다. 봄과 여름이 와서 키 큰 나무가 잎을 내면 햇빛을 받기도 어렵고 벌이나 나비 같은 곤충을 유혹해서 수분을 할 수 없기 때문입니다. 숲 속 거인들의 세계에서 난쟁이로 태어나 생존의 가시밭길에 선 셈입니다. 대신 노루귀에겐 찬바람을 이겨낼 수 있는 따뜻한 털옷이 있습니다. 이토록 작은 생명도 빛나는 지혜가 있으니 참 기특합니다.

매화를 닮은 둥근 꽃도 무척 아름답습니다. 꽃의 색상은 세 가지로 흰색은 단아하고, 분홍색은 사랑스럽고, 보라색은 우아합니다. 이중 보라색은 개체 수가 적어 보기 어렵지만 빛깔이 유독 아름다워 따로 '청노루귀'라 불리며 사랑받습니다. 보라색과 군청색 사이의 빛입니다. 낙엽으로 덮인 산속에서 청노루귀를 보게 되면 감탄사가 나올 만큼 오묘한 색입니다. 이번 자수에서는 그런 청노루귀의 빛을 담아 보고자 하였습니다.

단 한 송이 꽃을 표현한 만큼 꽃잎을 커다랗게 그려서 색의 변화에 중점을 두었습니다. 이전 자수보다 면적이 커졌으니 자련수도 여러 단을 놓아야 합니다. 작은 크기로 자련수의 개념을 익히고 넓은 크기로 자련수의 수결과 기술을 익힙니다.

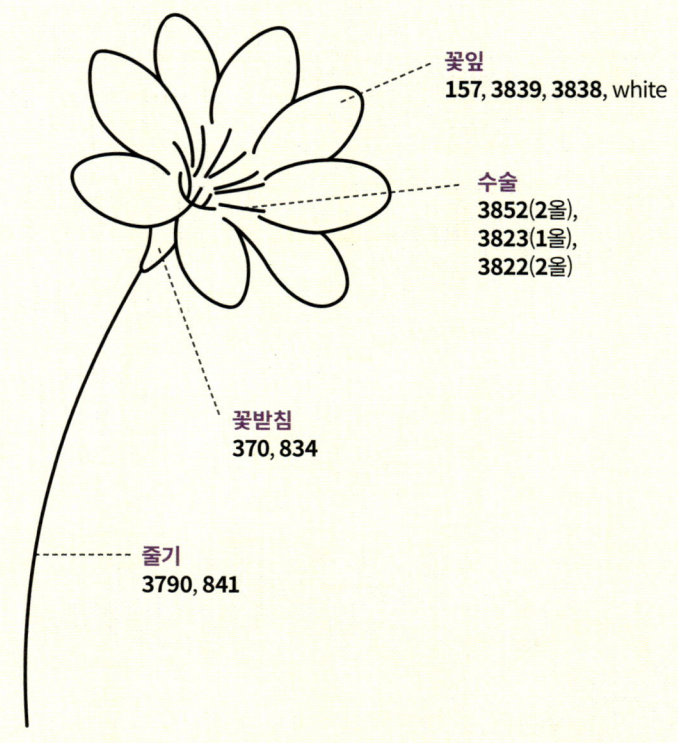

꽃잎
157, 3839, 3838, white

수술
3852(2올),
3823(1올),
3822(2올)

꽃받침
370, 834

줄기
3790, 841

🌿 꽃

1 자련수로 섬세하게 꽃을 표현합니다. 큰 꽃을 수놓을 때는 수결에 더 유의해야 합니다. 각 꽃잎에 중심선을 잡습니다. 그중 위로 올라온 꽃잎부터 수놓습니다. 꽃잎 모양 그대로 중심을 향해서 완만한 기울기로 수결을 잡습니다.

2 흰색 실로 꽃잎의 절반 정도를 자련수로 채웁니다.

3 밝은 푸른색으로 그다음 단을 수놓습니다.

4 남은 꽃잎 부분을 진한 푸른색으로 채웁니다.

5 다른 꽃잎도 수결에 맞춰서 흰색 실로 수놓습니다.

6 밝은 푸른색으로 다음 단을 수놓고,

7 진한 푸른색으로 나머지를 채웁니다.

8 꽃 중앙을 2올 2번 감기 매듭수로 채웁니다.

9 매듭수로 채운 꽃 중앙에 1올 선수로 수술대를 놓아줍니다.

10 수술대의 끝에 꽃밥을 답니다. 밝은 노란색 실로 1올 2번 감기, 1올 1번 감기를 섞어 표현합니다.

11 꽃받침을 자련수로 놓습니다. 진한 색으로 1단을 놓고,

12 연한 색으로 나머지를 채웁니다.

🌱 줄기

13 줄기를 이음수로 놓습니다. 꽃잎이 큰 만큼 줄기 굵기도 알맞아야 합니다. 이음수를 1줄 놓고, 바로 옆에 또 붙여서 1줄 놓고, 1줄 더 해서 3~4줄 정도로 놓아 굵기를 만듭니다.

14 노루귀의 줄기에 솜털을 달아줍니다.

Tip 실 1올을 꼬아서 가능한 한 가늘게 만든 다음 한 땀 한 땀 줄기에서 삐져나오게 놓아보세요. 실이 굵어서 솜털보다는 가시처럼 보여 아쉽지만, 솜털로 찬바람을 견디는 노루귀를 표현할 때 이 부분을 빠뜨리면 서운합니다.

테이블매트

제비꽃

봄이면 전국의 산과 들뿐 아니라 길가에서도 쉽게 만날 수 있는 제비꽃은 우리나라 토종 야생화입니다. 꽃 색깔이나 잎 모양이 다양하고 변종이 많아 남산제비꽃, 노랑제비꽃, 고깔제비꽃 등 그 종류만도 40여 종이나 됩니다. 오랑캐가 자주 쳐들어오는 때 들판에 피어서, 또는 꽃 생김새가 오랑캐의 머리채를 닮아서 오랑캐꽃이라고도 부릅니다. 봄이 오면 우리나라로 돌아오는 제비처럼 반가우면서도 오랑캐를 두려워했던 우리 조상의 애환을 엿볼 수 있는 꽃입니다.

꽃과 잎 모두 자련수로 표현합니다. 면적이 넓지 않고 색의 변화도 크지 않아서 자련수 기법 중에서도 초·중급 정도라 할 수 있습니다. 몇 번 놓아보면 쉽게 놓을 수 있으므로 다양한 용도로 활용하여 작품을 만들어보길 권합니다.

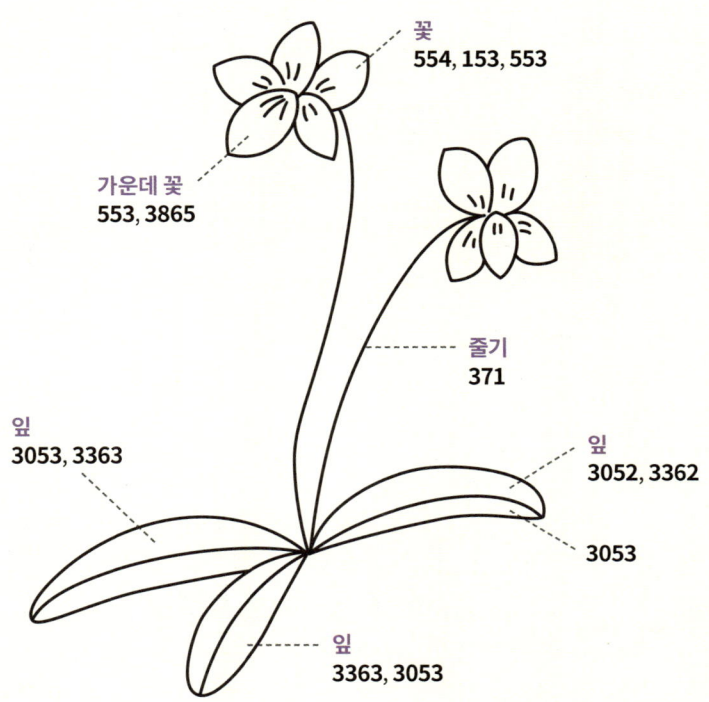

꽃
554, 153, 553

가운데 꽃
553, 3865

줄기
371

잎
3053, 3363

잎
3052, 3362

3053

잎
3363, 3053

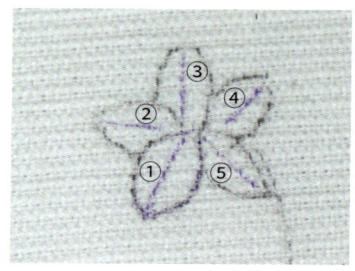

🌿 꽃

1 꽃잎에 기화펜으로 중심선을 표시해주세요. 자련수에서 다룬 기본 꽃잎 모양과 같습니다. 중심선을 기준으로 중앙으로 갈수록 약간 모이는 각으로 수결을 만듭니다.

Tip 가운데 꽃을 먼저 수놓고 시계 방향 순으로 나머지 꽃을 수놓습니다.

2 이번 제비꽃은 흰색 줄이 드러난 가운데 꽃잎이 포인트입니다. 이를 강조하기 위해서 가운데 꽃잎을 꽃 색상 중 제일 진한 색을 사용해서 꽃잎의 2/3 정도를 자련수로 놓습니다.

3 나머지를 흰색 실로 채웁니다. 땀의 길이에 서로 차이가 있어야 합니다.

Tip 흰색은 보라색 꽃 바탕에 드러난 줄무늬이므로 가운데 몇 땀을 길게 수놓아서 표현합니다.

4 옆의 꽃을 순서대로 수놓습니다. 두 가지 색상으로 꽃잎 중심으로 갈수록 진하게 표현합니다. 밝은 색 실로 꽃잎의 절반 정도를 채웁니다.

5 나머지를 진한 색으로 채웁니다. 남은 꽃잎 세장도 밝은 색으로 첫 단을 수놓습니다.

6 같은 방법으로 나머지 꽃잎도 진한색으로 마무리합니다.

🌿 줄기

7 이음수로 줄기를 수놓습니다.

Tip 꽃잎 아래 줄기가 조금 굽어 있습니다. 이음수의 땀을 짧게 해서 곡선을 부드럽게 표현합니다.

🌿 잎

8 수결은 가름수의 결로, 수법은 자련수로 잎을 수놓을 것입니다. 가름수의 결로 수결을 표시해주세요.

9 세 잎 중에서 제일 위로 올라온 가운데 잎을 먼저 수놓습니다. 두 가지 색상을 사용해서 바깥 쪽은 밝게 잎맥 쪽은 어둡게 표현합니다. 표시한 수결에 맞춰 밝은 색으로 길고 짧은 땀을 반복하는 자련수로 1단을 수놓습니다.

10 안쪽을 진한 색으로 마무리합니다.

11 잎의 나머지 반쪽도 같은 방식으로 수놓습니다.

12 왼쪽 잎은 진한 색으로 첫 단을 수놓고 연한 색으로 다음 단을 채워 모양을 만듭니다.

Tip 가운데 잎은 연한 색에서 짙은 색으로 그러데이션을 넣었고, 왼쪽 잎은 반대로 표현했습니다. 같은 색을 사용할지라도 순서를 달리하면 색상이 다르게 표현됩니다. 여러 잎이 겹쳐 있는 모양에서는 이런 방법으로 표현하면 색상이 단조롭거나 산만하지 않으면서 풍부하게 표현됩니다.

13 오른쪽 잎은 약간 접힌 옆모습 모양입니다. 이럴 때는 앞으로 나온 모양인 아래쪽부터 먼저 수놓습니다. 반쪽 가름수를 놓는다는 생각으로, 잎 색 중 제일 밝은 색 실을 사용해 사선평수로 놓습니다.

14 안쪽 면입니다. 가름수의 결대로 놓되 다른 잎처럼 자련수로 명암을 표현합니다. 안쪽 잎은 첫 단을 밝은 색으로 먼저 수놓고 다음 단을 진한 색으로 채워 아래쪽의 접힌 잎을 분명히 드러내줍니다.

15 접힌 모양의 잎이 완성되었습니다. 이처럼 수결과 색을 어떻게 사용하는지에 따라서 다양한 입체적 표현이 가능해집니다.

Tip 제비꽃의 잎은 단색으로 가름수로만 해도 예쁩니다. 작은 잎에 명암을 주는 자련수 방식을 쓰다 보니 어렵게 느껴질 수도 있습니다. 잘되지 않으면 처음에는 단색으로 가름수를 놓고 차근차근 연습해보세요.

까치수염

흰색 꽃차례가 길쭉하게 아래로 처진 모습이 영락없이 수염을 떠올리게 하는 꽃, 까치수염.

'수염'이라는 이름 앞에 '까치'가 붙으니 더 정겹게 느껴집니다. 6~8월 여름에 꽃이 피며, 전국 산과 들에서 볼 수 있습니다.

꽃은 평수 기법이어서 수놓기 쉽습니다. 여러 꽃이 모인 꽃차례이므로 한 송이를 정확하게 묘사하기보다는 전체 조화에 중점을 둡니다. 잎이 앞에서 다룬 자수보다 커졌으니 자련수를 여러 단에 걸쳐서 놓아야 합니다. 설명을 보면서, 수결에 유의하여 밝은 색에서 어두운 색으로 점차 명암을 주어 표현합니다.

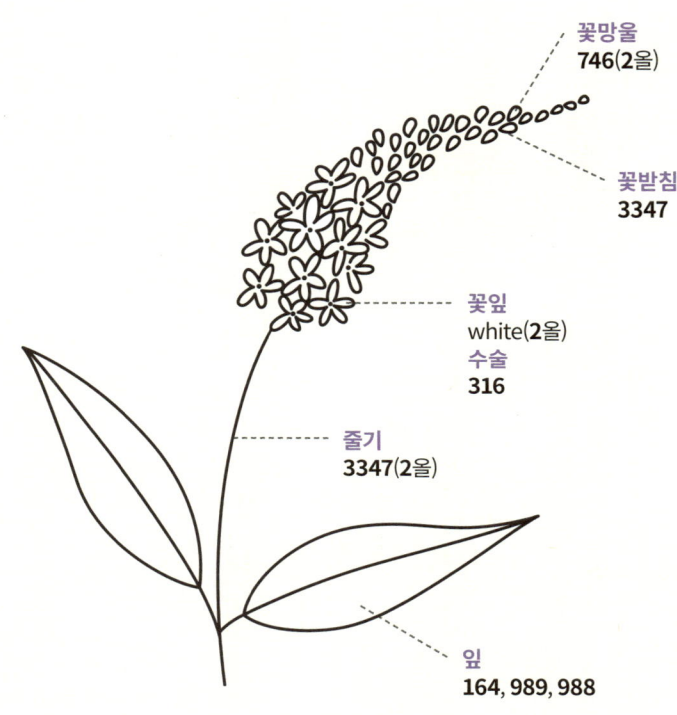

꽃망울
746(2올)

꽃받침
3347

꽃잎
white(2올)
수술
316

줄기
3347(2올)

잎
164, 989, 988

꽃

1 아래쪽에 활짝 핀 꽃을 먼저 수놓습니다. 5장의 꽃잎이 여러 개 모여 있습니다. 각각의 꽃잎을 2올 평수로 놓습니다. 한 꽃잎 당 3~4땀 정도 놓으면 적당합니다.

2 위쪽에 알알이 모여 있는 꽃망울을 2올 평수로 놓습니다. 끝으로 갈수록 점점 알갱이가 작아지게 표현합니다.

3 꽃망울에 진한 색으로 꽃받침을 달아주세요. 1올 선수로 꽃망울의 양쪽을 감싸고 가운데 1땀을 놓으면 됩니다.

4 진홍색으로 활짝 핀 꽃에 수술을 달아줍니다. 1올 선수로 꽃잎 중심에 각각 1땀씩 놓습니다.

 줄기

5 줄기를 2올 이음수로 놓습니다. 잎도 크고 꽃도 긴 편이니 줄기가 너무 가늘어 부러질 것 같은 느낌이 들지 않도록 적당한 굵기로 만들어줍니다.

 잎

6 잎을 자련수로 놓습니다. 먼저 수결을 표시합니다. 중심선을 긋고 잎 외곽선을 따라서 가운데로 살짝 모이게 직선을 긋습니다.

7 세 가지 색상으로, 줄기 쪽으로 갈수록 진하게 잎 색을 표현할 것입니다. 먼저 표시한 수결대로 가장 밝은 색을 일정량 수놓습니다.

8 두 번째 색인 중간 색으로 잎의 가운데 부분을 채웁니다.

9 진한 색으로 마무리합니다.

맑은대쑥

우리나라에는 자생하는 쑥만 해도 30여 종이 넘게 있다 합니다. 맑은대쑥도 그중 하나로 전국의 산에서 흔하게 볼 수 있는 야생초입니다. 국화과로 잎 모양이 국화를 닮았고 꽃도 노랗습니다. 눈에 띄지 않을 정도로 작은 꽃이 늦여름에서 초가을에 핍니다. 작고 앙증맞지만 자세히 들여다보면 아름다움을 갖추고 있는 소박한 우리 들꽃입니다.

난이도 ★★★★

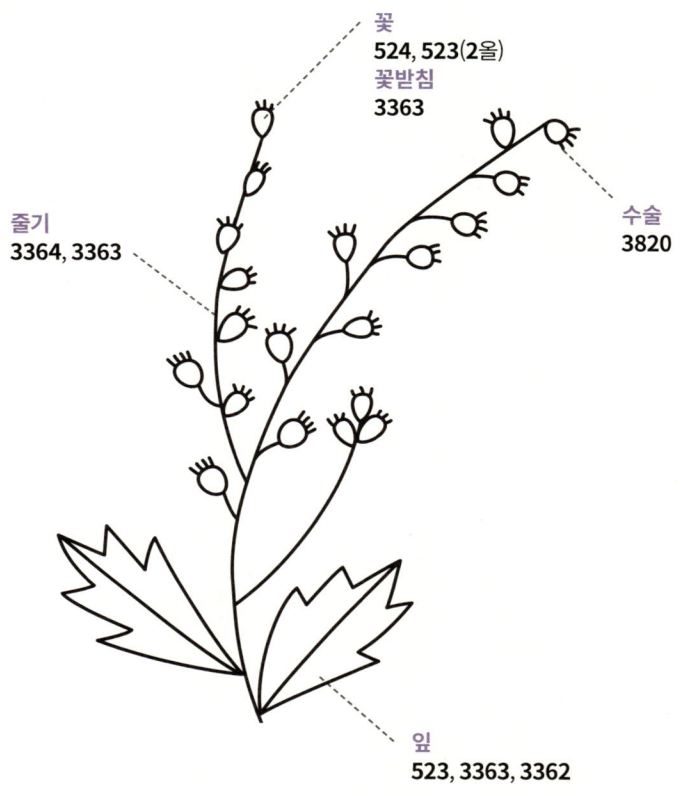

꽃
524, 523(2올)
꽃받침
3363

줄기
3364, 3363

수술
3820

잎
523, 3363, 3362

🌱 줄기

1 줄기를 이음수로 놓습니다. 1올로 적당한 굵기를 만들어주세요. 꽃도 작고 잎도 작으니 줄기가 너무 굵으면 어색합니다.

🌱 꽃

2 동그란 쑥꽃을 줄기 방향으로 2올 평수로 수놓습니다.

Tip 꽃의 아랫부분은 꽃받침을 달고, 윗부분은 노란 수술로 덮어주므로 꽃 모양이 완벽하게 표현되지 않아도 됩니다.

3 꽃잎 아래에 꽃받침을 만듭니다. 진한 색을 사용해서 선수로 몇 땀을 놓아 꽃 모양을 다듬어줍니다. 꽃잎 위쪽에 1올 점수로, 2mm 안팎 크기로 노란 수술도 달아줍니다.

🌱 잎

4 자련수로 잎을 놓습니다. 먼저 기화펜으로 수결을 그려주세요. 삐죽한 잎 모양을 살리면서 줄기로 갈수록 가운데로 살짝 모이도록 기준선을 표시합니다.

5 세 가지 색상을 사용해서 줄기 쪽으로 갈수록 잎 색이 어두워지게 표현할 것입니다. 먼저 잎 색 중 가장 밝은 색으로 일정량 수놓습니다.

6 중간 색으로 잎의 가운데 부분을 적당량 수놓습니다.

7 남은 부분을 진한 색으로 채워 마무리합니다.

Tip 취향에 따라 세 가지 색의 양을 달리해서 명암을 표현해보세요.

애기풀

애기풀은 4~5월에 볕이 잘 드는 산과 들에 자라는 야생화입니다. 작은 키와 독특한 생김새에서 야성미가 느껴집니다. 꽃받침이 꽃보다 크고 자주색이라 마치 꽃처럼 보이고, 자그마한 꽃은 수술처럼 보이는 특이한 구조입니다. 귀엽고 개성 넘치는 애기풀은 꽃말도 재미있습니다. '숨어 사는 자'.

이 꽃을 수놓은 뒤, 봄이 오면 '숨어 사는' 애기풀을 찾아 양지바른 풀밭을 자세히 살펴보는 것도 즐거울 것 같습니다.

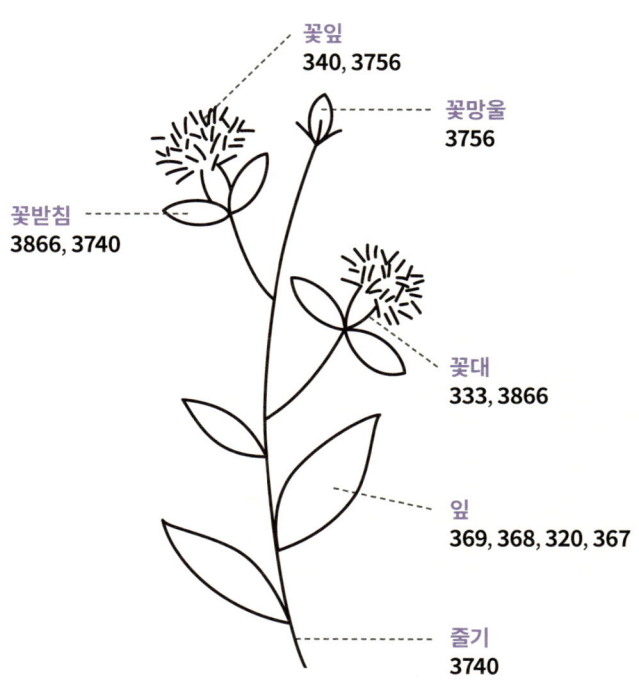

꽃잎
340, 3756

꽃망울
3756

꽃받침
3866, 3740

꽃대
333, 3866

잎
369, 368, 320, 367

줄기
3740

🌿 꽃과 줄기

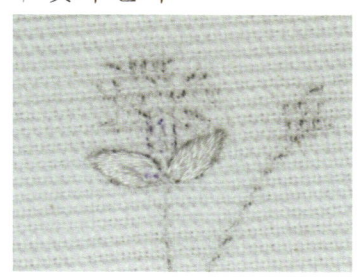

1 꽃 아래에 잎처럼 생긴 꽃받침을 자련수로 놓습니다. 흰색으로 첫 단을 수놓습니다.

2 자주색으로 빈 곳을 채웁니다.

Tip 첫 단과 두 번째 단 모두, 땀의 길고 짧은 정도에 차이가 뚜렷하도록 과감하게 수놓습니다.

3 자주색을 사용해서 꽃자루를 이음수로 놓습니다. 다음 꽃대를 자련수로 수놓습니다. 먼저 진한 청색으로 꽃대의 위쪽부터 첫 단을 수놓습니다.

4 흰색으로 꽃대를 마무리합니다.

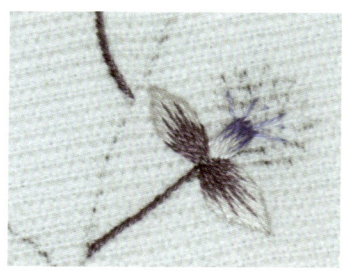

5 꽃을 선수로 수놓습니다. 땀의 길이는 5mm 안쪽으로 해주세요. 수결은 사방으로 뻗도록 하면 됩니다. 산호를 연상하면서 Y자 모양으로 한 땀 한 땀 놓습니다. 사방으로 뻗치면서 빈 곳을 자유롭게 메웁니다.

6 다 메웠으면 밝은 색으로 곳곳에 1땀씩 놓아서 포인트를 줍니다.

7 작은 꽃망울을 평수로 놓습니다.

8 꽃망울의 양옆, 가운데에 이음수로 꽃받침을 만듭니다.

9 같은 실을 사용해 줄기를 이음수로 놓습니다.

 잎

10 잎을 자련수로 놓습니다. 수결을 기화펜으로 그려주세요. 줄기로 갈수록 좁아지는 잎의 모양대로 수결이 완만하게 표시합니다.

11 사진처럼 잎 색을 세 가지 색으로, 줄기로 갈수록 진하게 표현할 것입니다. 먼저 가장 밝은 색으로 바깥쪽부터 적당량을 수놓습니다.

12 중간 색으로 잎 가운데를 수놓고 진한 색으로 마무리합니다.

Tip 한 잎 당 두세 가지 색을 사용해 잎의 배색을 서로 다르게 표현해보세요.

코스모스와 나비

코스모스는 이름처럼 외래종입니다. 그러나 어느새 가을이면 우리나라 어디서나 만날 수 있는, 특히 추석 무렵 시골 들녘을 수놓는 정겨운 우리 꽃이 되었습니다. 한 송이만 있어도 아름답고, 여러 송이가 모여 피면 바람에 하늘거리는 늘씬한 자태와 꽃의 빛깔이 으뜸입니다.

자수를 놓기에도 좋습니다. 이음수로 꽃의 특징인 가느다란 줄기와 잎의 곡선을 살리고, 꽃잎은 자련수로 색상을 풀도록 합니다. 여기에 작은 노랑 나비를 곁에 수놓으면 다소 심심하던 꽃이 생명의 활기를 띠게 됩니다.

나비 자수는 설명대로 따라 하면 어렵지 않게 완성할 수 있습니다.

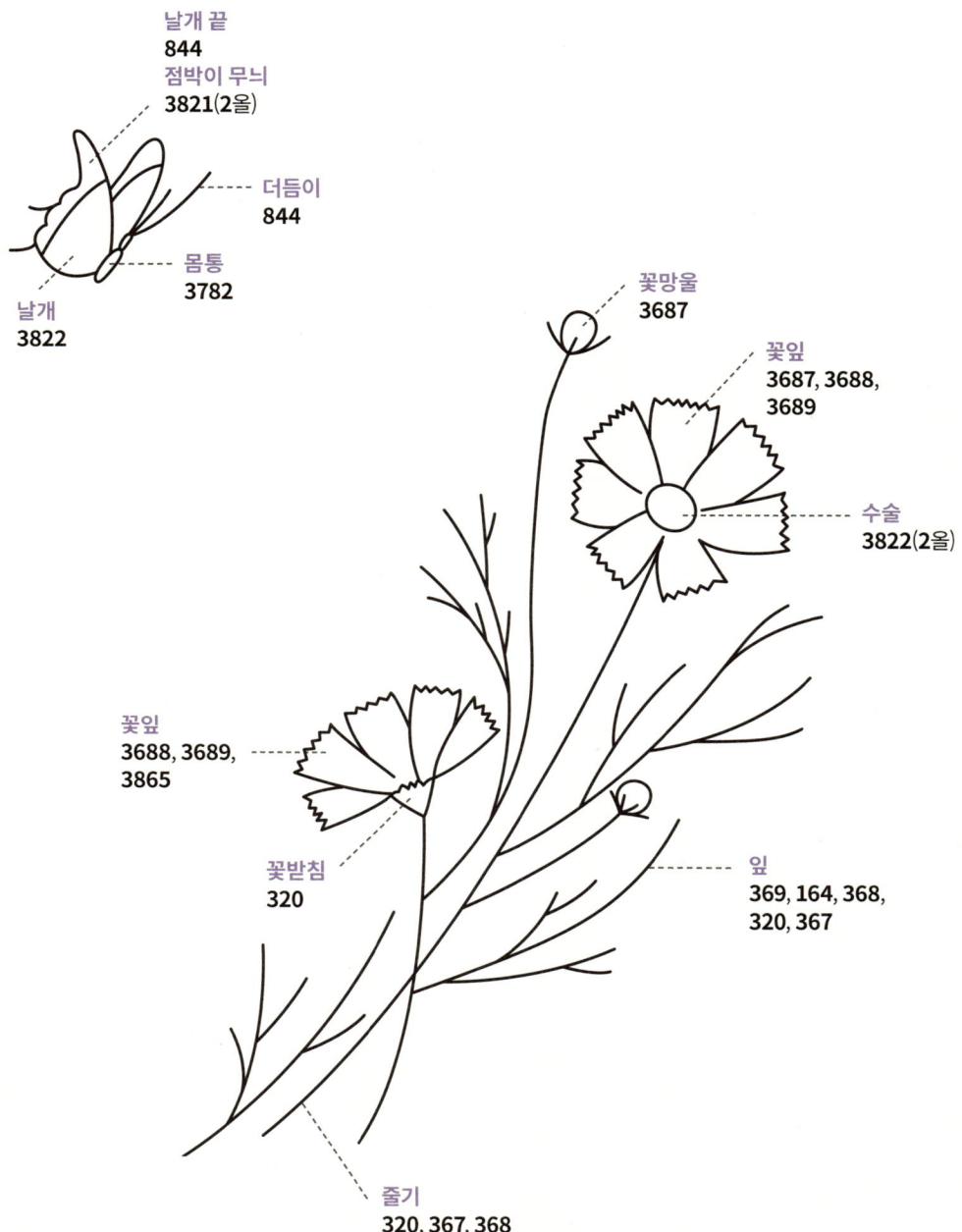

날개 끝
844
점박이 무늬
3821(2올)

더듬이
844

몸통
3782

날개
3822

꽃망울
3687

꽃잎
**3687, 3688,
3689**

수술
3822(2올)

꽃잎
**3688, 3689,
3865**

꽃받침
320

잎
**369, 164, 368,
320, 367**

줄기
320, 367, 368

1 자련수로 꽃을 놓습니다. 중심선을 긋고 꽃잎 외곽선에 맞춰 수결을 표시합니다.

2 세 가지 색을 사용해 꽃잎 바깥에서 안쪽으로 갈수록 점차 밝아지게 그러데이션 합니다. 사진처럼 가장 진한 색으로 첫 단을 수놓습니다.

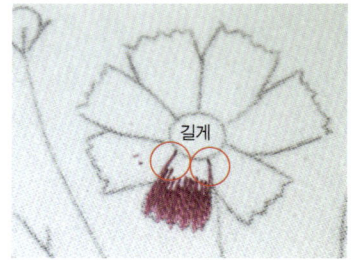

3 나머지 반쪽도 수놓습니다. 이때 꽃잎 끝 선을 다른 땀보다 좀 더 길게 내어 양옆으로 겹친 꽃잎과 구분해줍니다.

4 중간 색과 밝은 색을 순차적으로 수놓습니다. 나머지 꽃잎에도 수결을 표시합니다.

5 표시한 수결대로 길고 짧은 땀을 반복하는 자련수로 첫 단을 수놓습니다.

6 나머지 꽃잎도 안쪽으로 갈수록 밝아지게 수놓습니다.

7 중앙의 동그란 수술 부분을 2올 2번 감기 매듭수와 2올 1번 감기 매듭수를 적절히 섞어 채워줍니다.

Tip 매듭수로 수술의 동그란 테두리 선을 먼저 수놓고 안을 채우면 원이 반듯하게 완성됩니다.

8 뒷모습 꽃도 세 가지 색상을 사용해서 자련수로 놓습니다.

Tip 먼저 수놓은 위 꽃은 가장 진한 색부터 세 가지 색상으로 명암을 표현했고, 뒷모습 꽃은 두 번째 색상부터 차례대로 세 가지 색을 써서 명암을 표현했습니다. 시작 색과 마무리 색이 서로 한 단계씩 달라 위의 꽃은 전체적으로 진하고 아래 꽃은 전체적으로 밝고 화사한 느낌이 듭니다. 사진을 참고하여 두 꽃의 배색을 선호하는 느낌대로 표현해보세요.

9 꽃받침을 자련수로 놓습니다. 꽃을 받치는 부분의 삐죽삐죽한 모양을 살리면서 테두리 선에 맞춰 수결을 냅니다.

10 코스모스의 삐죽삐죽한 꽃받침 모양을 강조하기 위해 몇 땀을 길게 더 냅니다.

11 꽃망울을 평수로 놓습니다.

12 이음수로 꽃망울의 받침을 만들고, 같은 색으로 줄기도 수놓습니다.

🌱 잎·줄기

13 이음수로 줄기와 잎을 수놓습니다. 잎 끝을 가늘게 시작하여 줄기 쪽으로 갈수록 약간 굵어지게 표현하되, 잎이 줄기보다 얇아야 안정감이 있습니다.

Tip 잎이 선으로 되어 있어 한 가지 색으로 수놓으면 단조로울 수 있습니다. 가느다란 끝쪽은 밝은 색을, 줄기 쪽은 짙은 색을 사용합니다. 또는 전체 잎의 하단은 짙은 색으로, 상단은 밝은 색으로 수놓아도 괜찮습니다. 주어진 색상을 가지고 자신의 색감으로 조화롭게 배치해보세요.

🌱 나비

14 나비의 날개를 자련수로 놓습니다. 먼저 날개에 중심선을 그은 다음 외곽선을 따라 몸통으로 갈수록 완만히 세부 수결을 표시합니다.

15 표시한 수결에 맞춰 자련수로 면을 채웁니다.

16 나비의 머리와 몸통을 평수로 채우고, 날개 끝 부분의 수결을 표시해줍니다.

17 평수로 날개 끝 부분을 채웁니다.

18 같은 색을 사용해서 날개의 테두리와 더듬이를 이음수로 수놓습니다.

Tip 자그마한 나비이니 실을 꼬아서 더듬이를 가능한 한 가늘게 만들어주세요.

19 점수를 1땀 놓아서 나비의 눈을 만들고, 선수로 몸통 무늬와 다리도 만들어줍니다. 진한 노란색 2올로 날개 끝 부분의 점박이 무늬를 점수로 표현합니다.

20 그물수로 날개의 노란 부분에 무늬를 만듭니다. 사진처럼 하나씩 따라 하며 그물수를 놓습니다. 먼저, 끝에서 1땀을 낸 다음 땀 가운데로 바늘을 올려서 알파벳 'Y'를 그리듯이 바늘로 실을 당깁니다.

21 계속해서 왼손으로 실을 당기면서 바늘로 하나하나 그물을 엮듯이 무늬를 만들어냅니다.

그물수는 Y자 모양을 반복해서 수놓아 넓은 면을 메우는 기법입니다. 주로 나비의 몸통 무늬, 벌집, 거북이, 도자기 등에 표현합니다. 넓은 면을 쉽게 채울 수 있어 다양하게 활용되는 전통 자수 기법입니다.

22 왼손은 실을 잡은 채로 오른손으로 원하는 위치에 바늘을 찔러서 실을 당깁니다.

23 그물 무늬를 만들었습니다. 바늘을 어디에 꽂는지에 따라서 무늬가 달라집니다.

Tip 나비가 작으므로 그물이 너무 많으면 무늬가 산만해집니다.

미국쑥부쟁이

미국쑥부쟁이는 북아메리카 지역에서 들어온 귀화식물이지만 소박하고 청초한 한국의 미감을 느낄 수 있는 꽃입니다. 가을 야생화를 대표하는 들국화, 연보랏빛 쑥부쟁이와 닮았지만 꽃이 더 작고 하나의 꽃대에 줄을 선 듯 나란히 피어나는 점이 다릅니다. 흰색 꽃이 얼핏 보면 개망초와도 비슷합니다. 그러나 이름에 쑥부쟁이가 들어 있듯이, 자세히 들여다보면 흰색 꽃에 연한 보랏빛이 감돕니다.

미국쑥부쟁이는 꽃의 색상에 중점을 두고 표현합니다. 흰색을 주색으로 사용하되 곳곳에 보라색이 조금씩 보이도록 수놓습니다. 화려하지 않고 수수한 들꽃이므로 꽃 색에 포인트를 두고 잎은 자련수로 담백하게 표현합니다.

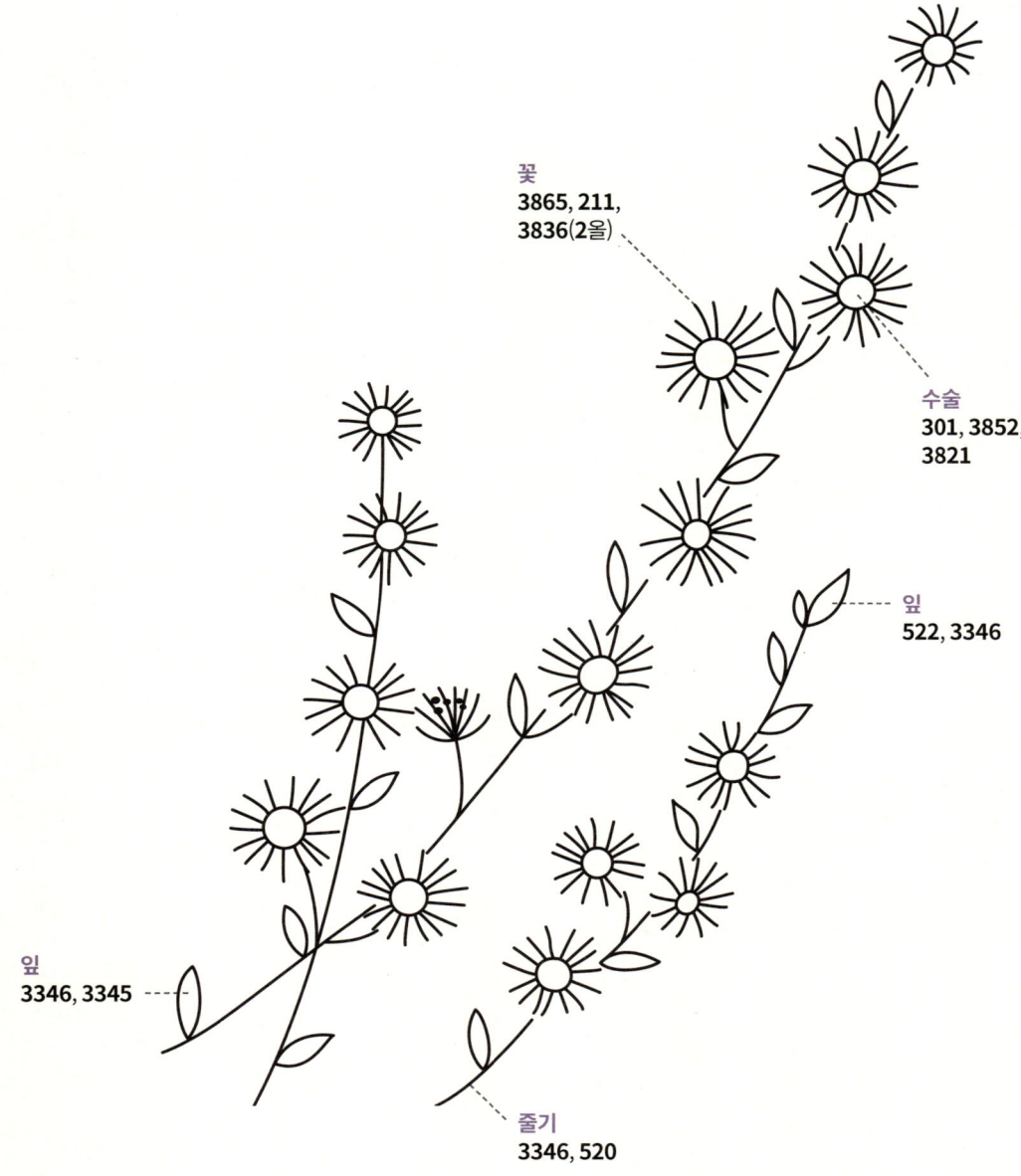

꽃
**3865, 211,
3836(2올)**

수술
**301, 3852,
3821**

잎
522, 3346

잎
3346, 3345

줄기
3346, 520

줄기

1 줄기를 이음수로 놓습니다. 두 가지 색으로 위는 밝고 가늘게, 아래는 짙고 굵게 표현합니다.

Tip 줄기를 먼저 수놓아도 되고, 꽃을 놓고 난 다음에 수놓아도 됩니다.

꽃

2 꽃의 수술을 매듭수로 놓습니다. 1올 2번 감기, 1올 1번 감기로 둥근 모양을 만듭니다. 수술 색은 세 가지입니다. 한 꽃 당 한두 색을 섞어 작은 수술을 생기 있게 표현합니다.

3 꽃을 2올 평수로 놓습니다. 사방으로 동그랗게 펼쳐진 꽃 모양을 만듭니다. 꽃잎 하나에 평수 2~3땀 정도로 놓습니다. 땀수가 많아서 꽃잎이 너무 두터워지면 느낌이 달라집니다. 여러 개의 꽃잎 색 중 먼저 한 가지 색을 골라서 일정량 수놓습니다.

4 다른 색을 일정량 수놓습니다. 보라색 1올과 흰색 1올을 같이 바늘에 꽂아 2올로 만들어 평수를 놓습니다. 두 색이 합해져서 새로운 중간 색이 만들어졌습니다. 먼저 놓은 보라색과 자연스럽게 어우러집니다.

5 나머지 빈 곳을 흰색으로 마무리합니다.

6 흰색으로만 된 꽃, 보라색만으로 된 꽃, 보라색과 흰색, 보라+흰색으로 된 꽃 등 다양한 색상 조합으로 꽃을 표현해 보세요.

잎

7 밝은 색 실을 사용해서 자련수로 잎의 첫 단을 놓습니다. 줄기 쪽으로 갈수록 살짝 좁아지는 각도로 수결을 곱게 냅니다.

8 짙은 색으로 나머지를 채웁니다. 잎 색상이 세 가지입니다. 이 중 두 가지 색을 차례대로 조합해서 연한 색에서 진한 색으로 명암을 표현합니다. 꽃 색에 힘을 주는 대신 잎 색은 담담하게 표현하여 꽃의 수수함을 살립니다.

알아두면 좋아요!

꽃 색은 세 가지이지만 앞의 방법으로 실을 합하면 다섯 가지 색(진보라, 연보라, 흰색, 진보라+흰색, 연보라+흰색)으로 만들 수 있습니다. 이를 활용해 다양하게 수놓아보세요. 이 꽃은 수법의 기능적 면보다는 색상 표현력이 중요한 자수입니다. 하나의 꽃잎보다는 한 송이 꽃, 한 송이 꽃보다는 전체 꽃의 조화를 중점으로 색을 풀어냅니다.

고마리

고마리 꽃은 늦여름에 습한 들이나 개울가에서 볼 수 있는 야생화입니다. 쌀알같이 작은 꽃이 몇 개씩 모여 둥그렇게 피어나고 전체적으로 흰색에서 연분홍색을 띱니다. 그런데 이 꽃잎을 자세히 들여다보면 꽤 재밌게 생겼습니다. 꽃잎 끝에 꽃잎 색보다 진한 분홍색 무늬가 있는데, 여인이 손톱에 붉은 매니큐어를 칠하고 예쁘게 단장한 모습을 닮아 슬며시 미소가 나옵니다. 비슷한 종류로 미꾸리낚시, 며느리밑씻개 등이 있습니다.

원래 고마리 잎은 방패 모양을 닮았지만 이번 자수에서는 수놓기 쉽게 변형했습니다. 꽃은 평수라 쉽습니다. 대신 잎을 자련수로 놓아서 색의 농담을 연한 색에서 진한 색으로 풀어보겠습니다. 조금 휘어진 옆모습 모양이라서 수결을 맞추기 어려울 수 있습니다. 설명을 참고로 수결이 흐트러지지 않도록 완만하게 수놓습니다. 수결이 완만하면 색 변화가 없어도 실 표면에 윤이 나서 수가 곱고 예뻐 보입니다. 수결은 자수만이 가진 특징입니다.

꽃잎
963(2올), 602, 603

잎
564, 563, 562, 505

줄기
563, 562

🌿 꽃

1 2올 평수로 꽃 알갱이를 도톰하게 표현합니다. 꽃잎 끝에 붉은색이 들어갈 부분만 조금 남겨두고 채웁니다.

Tip 여러 꽃이 모여 있으므로 앞으로 튀어나온 모양부터 순서대로 수놓습니다.

2 붉은색 실 1올로 알갱이 끝부분을 채웁니다. 땀 길이를 서로 조금씩 달리해서 색이 자연스레 드러나게 표현합니다.

3 나머지 꽃 알갱이도 바탕색을 먼저 채우고 꽃의 끝부분을 붉은색으로 채웁니다.

🌿 잎·줄기

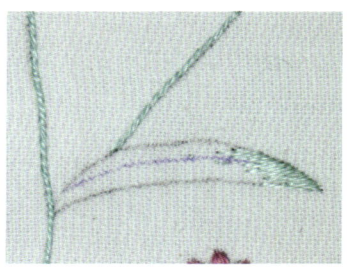

4 꽃받침이 있는 꽃은 1올 이음수로 받침을 표현합니다.

5 줄기를 1올 이음수로 수놓은 다음, 자련수로 잎을 수놓습니다. 먼저 도안에 표시된 점선대로 수결을 그립니다.

6 세 가지 색상을 사용해 밝은색에서 어두운 색으로 잎을 표현할 것입니다. 잎 끝부터 밝은 색 실로 길고 짧은 땀을 반복하여 수놓습니다.

7 밝은 색 실로 적당량을 놓았으면 다음으로 중간색 실로 적당량을 채웁니다. 들쭉날쭉하게 땀 길이에 차이를 줘서 자연스러운 그러데이션을 표현합니다.

Tip 휘어진 잎처럼 굴곡이 심할 때는 전체 땀을 더 짧게 해서 연결하면 쉽습니다.

8 어두운 색 실로 나머지를 채웁니다. 전체적으로 수결이 고르고 완만하게 표현합니다.

🌸 **알아두면 좋아요!**

휘어진 잎의 수결을 찾는 법
잎의 모양을 관찰하여 A처럼 가장 굴곡이 덜한 방향으로 중심선을 찾습니다.
B처럼 중심선을 잡으면 굴곡이 심하여 수놓기 불편합니다.

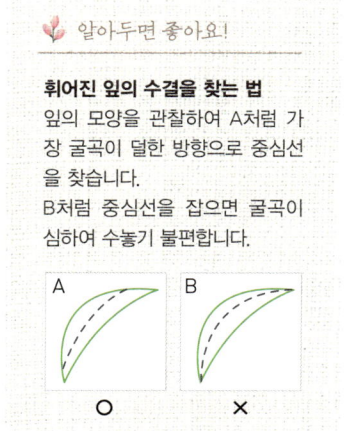

향기별꽃

꽃 생김새가 별 모양을 닮았고, 잎에서 향기가 나서 향기별꽃이라는 이름
이 붙었습니다. 꽃잎이 6장으로 3장은 위로 모여 있고, 3장은 아래에서 받
쳐줍니다. 길고 가느다란 잎은 난초를 닮았습니다.

꽃은 자련수로 놓고 잎은 이음수로 놓습니다. 앞에서부터 계속 자련수를
놓아보았으니 향기별꽃 표현이 어렵지 않을 것입니다. 잎을 이음수로 놓지
만 쉽지 않습니다. 이음수는 가장 기초적인 수법이지만, 가느다란 것을 서
서히 굵어지게, 즉 이음수에서 사선 평수로 가도록 놓는 게 어렵습니다.
꾸준한 연습이 필요합니다. 여러 잎이 겹쳐 있으므로 수놓는 순서를 잘 이
해해서 순서대로 모양을 완성해보세요.

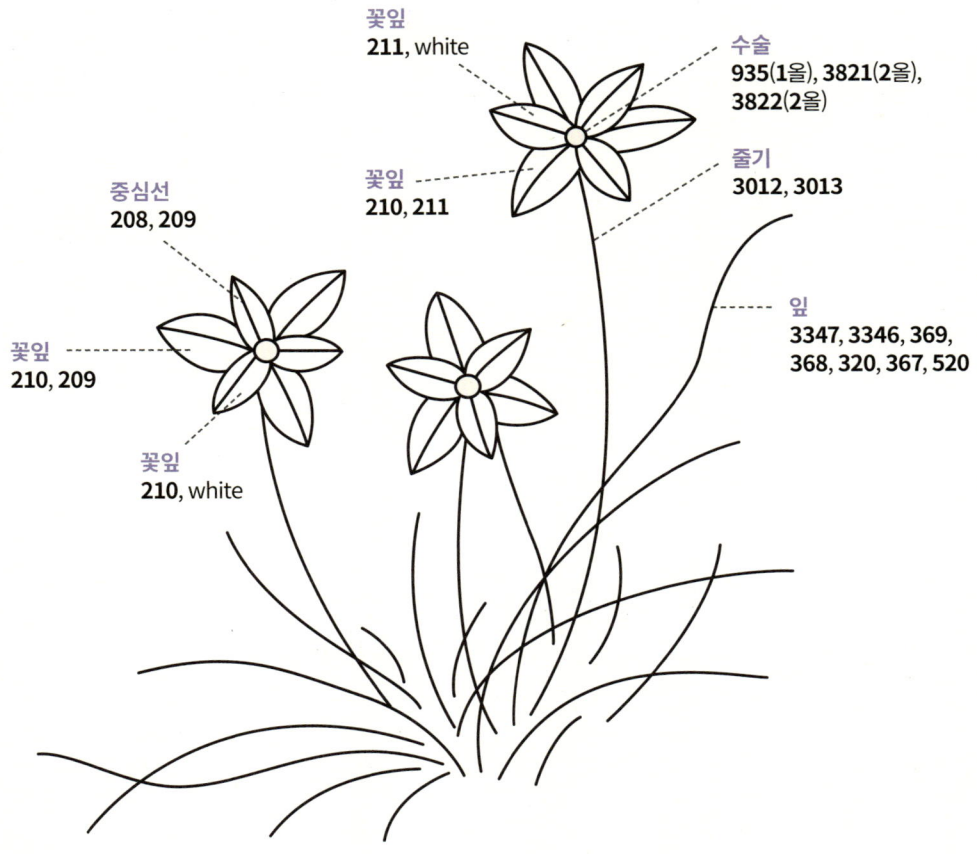

꽃잎
211, white

수술
935(1올), **3821**(2올),
3822(2올)

줄기
3012, 3013

중심선
208, 209

꽃잎
210, 211

잎
**3347, 3346, 369,
368, 320, 367, 520**

꽃잎
210, 209

꽃잎
210, white

1 가장 진한 색을 사용해서 꽃잎의 중심 선을 이음수로 놓습니다.

2 꽃잎의 1/2가량을 자련수로 놓습니다.

3 나머지를 흰색으로 채웁니다.

4 위에 있는 나머지 꽃잎도 놓습니다.

5 뒤에 있는 꽃잎은 위쪽 꽃잎보다 더 짙은 색 실을 사용해서 수놓습니다. 꽃잎이 위층 아래층 서로 분리가 되어 입체감이 느껴집니다. 꽃잎 6장을 모두 수놓은 뒤 꽃의 중심을 평수로 채웁니다.

6 2올 점수(1~2mm)로 수술을 놓습니다. 5땀 정도 놓으면 적당합니다.

줄기

7 줄기를 1올 이음수로 놓습니다.

잎

8 잎을 이음수로 놓습니다. 잎끝은 가늘게 시작해서 줄기 쪽으로 갈수록 굵어지게 표현합니다. 제시된 색을 사용해 아래로 갈수록 진한 색으로 명암을 나타냅니다.

9 겹쳐 있는 잎 중에서는 앞에 있는 잎을 먼저 수놓습니다. 다음으로 뒤에 있는 잎을 수놓습니다.

층꽃나무

꽃이 계단을 이루듯 층층이 모여 있어 층꽃나무란 이름이 붙었습니다. 뿌리는 나무이지만 줄기는 풀이어서 '층꽃풀'이라고도 부르며 늦여름에 보랏빛 꽃이 핍니다. 둥그렇게 모여난 층을 살펴보면 아주 작은 꽃이 모여 있는데, 꽃잎보다 수술이 더 길고 수북하니 많습니다.

이번 자수에서는 층꽃나무의 사실적 묘사보다는 색에 중점을 두고 표현합니다. 뒷박 조명처럼 자수의 뒷면이 비치는 작품에서 기다란 수술을 그대로 표현하면 지저분해 보입니다. 작품의 성격에 따라 적당한 생략이 필요합니다.

활짝 핀 꽃은 밝고 꽃망울은 진하게, 큰 층은 활짝 핀 꽃을 군데군데 놓고 작은 층은 꽃망울만 진한 색으로 놓아서 자연스러운 색의 조화를 만듭니다. 핀 꽃을 중심으로 꽃에 생기를 주는 정도로 수술을 표현합니다. 삐죽삐죽한 잎 모양을 살려 자련수로 색의 농담을 표현해보세요.

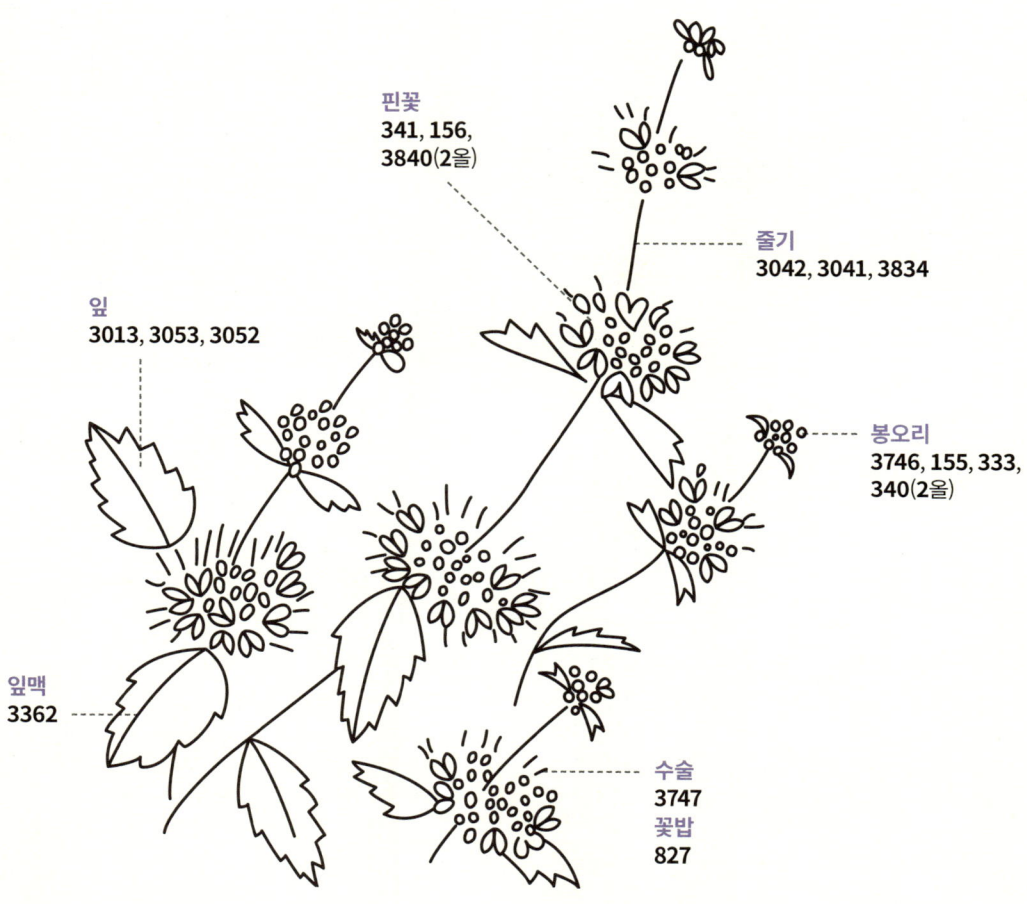

핀꽃
341, 156,
3840(2올)

줄기
3042, 3041, 3834

잎
3013, 3053, 3052

봉오리
3746, 155, 333,
340(2올)

잎맥
3362

수술
3747
꽃밥
827

🌿 줄기

1 꽃이 층층으로 수북이 있으므로 안정감 있게 줄기를 2올 이음수로 굵게 표현합니다. 줄기 아래쪽은 어두운 색으로 굵게, 위로 갈수록 밝은 색으로 가늘게 수놓습니다.

🌿 잎

2 수결은 가름수로, 색상 표현은 자련수 방식으로 잎을 수놓을 것입니다. 수결을 표시합니다.

3 두 가지 색을 사용해 잎끝은 밝고 잎맥쪽은 짙게 자련수로 표현합니다. 먼저 잎끝의 반쪽 일부를 밝은 색으로 길고 짧은 땀을 반복해 1단을 수놓습니다.

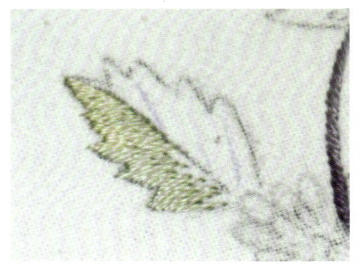

4 다음 색으로 빈 곳을 채우고, 같은 색으로 아래쪽에도 1단을 수놓습니다.

5 더 짙은 색으로 빈 곳을 채우고, 같은 방법으로 나머지 반쪽 잎도 수놓습니다.

6 잎맥을 이음수로 놓습니다. 밝은 잎이 더 진해 보입니다.

Tip 큰 잎은 예시처럼 세 가지 색을, 작은 잎은 완성된 자수의 사진을 참고하여 두 가지 색을 사용합니다.

🌿 꽃

7 2올 평수로 활짝 핀 꽃잎을 수놓습니다. 꽃잎 하나에 3~4땀 정도면 적당합니다.

8 2올 4번 감기, 2올 3번 감기 매듭수로 꽃봉오리를 수놓습니다.

9 1올 선수로 활짝 핀 꽃에 수술을 달고, 끝에 점수로 꽃밥을 만듭니다.

피나물

피나물은 노란 꽃이 어여쁜 봄 야생화로 줄기를 자르면 붉은 즙이 나와서 이런 이름이 붙었습니다. 평범한 듯 예쁜 꽃에 다른 식물과 구분되는 줄기의 즙으로 상반된 이미지를 보여주는 피나물은 사실 독초입니다. 피나물의 핏빛 즙은 어쩌면 인간에게 주는 자연의 배려심 같습니다. 예쁜 꽃을 보고 다가가는 인간에게 붉은 피를 보여주어 자신이 일반 야생화와 다르니 경계심을 가지라는 표시처럼 느껴집니다.

피나물 꽃잎은 자련수로 놓고, 잎은 우련수로 놓습니다. 잎이 작으면 자련수보다는 우련수로 색의 명암을 푸는 게 낫습니다. 기초 수법에서 배운 우련수로 피나물 잎 색의 농담을 표현해보세요.

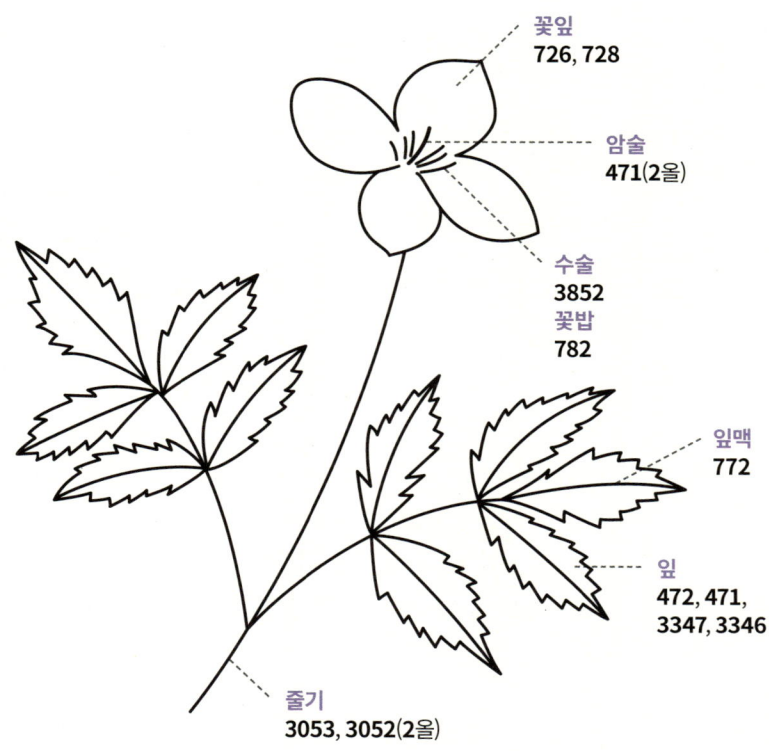

꽃잎
726, 728

암술
471(2올)

수술
3852
꽃밥
782

잎맥
772

잎
472, 471,
3347, 3346

줄기
3053, 3052(2올)

꽃

1 꽃을 자련수로 놓기 위해 수결을 그립니다. 중심선을 먼저 긋고, 꽃잎 모양에 맞춰 기울기가 완만하게 세부 수결을 찾습니다.

2 두 가지 색상으로 꽃잎 끝은 진하고, 안쪽은 연하게 표현합니다. 먼저 진한 노란색으로 꽃잎의 반쪽에 자련수를 놓고,

3 나머지 반쪽도 자련수로 채웁니다. 자련수 1단이 완성되었습니다.

4 계속해서 진한 노란 색으로 꽃잎 면적의 2/3가량을 채웁니다.

5 나머지를 밝은 색으로 마무리합니다.

6 나머지 꽃잎도 같은 방법으로 수놓습니다.

7 2올 평수를 3땀 정도 놓아서 암술을 만듭니다.

8 1올 선수로 수술대를 자연스럽게 놓습니다.

9 매듭수로 수술대 끝에 꽃밥을 답니다. 몇 개를 1올 2번 감기로 조금 크게 놓고, 나머지를 1올 1번 감기로 마무리합니다.

🌱 줄기와 잎

10 2올 이음수로 줄기를 수놓습니다. 잎 자루가 본 줄기보다 가늘어야 자연스 럽습니다.

11 잎의 수결은 가름수의 기울기로 하 고, 우련수 기법으로 색상을 풀어냅 니다. 수결을 표시해주세요.

12 먼저 잎맥을 이음수로 놓습니다.

13 한 잎에 두 가지 색상을 사용해서, 잎 끝은 밝고 줄기 쪽은 진하게 명암을 표현합니다. 삐죽삐죽한 잎 모양에 유 의하며 우련수 기법으로 원하는 만큼 밝은 색을 수놓습니다.

14 다음 짙은 색으로 잎 쪽의 나머지를 채웁니다.

15 나머지 반쪽도 수놓습니다.

16 다른 잎도 같은 방식으로 놓습니다. 잎마다 두 가지 색상을 사용해 연한 색에서 진한 색으로 표현합니다. 전체 잎을 보면 줄기 쪽(아래쪽)으로 갈수록 진합니다. 심심한 노란 색의 꽃을 다 채로운 잎의 색상으로 살립니다.

약모밀

약모밀은 초여름에 습기가 많은 곳에서 핍니다. 생선 비린내가 나서 '어성초'라고도 부르며 살균, 항염 효과가 커서 약재로 사용합니다.

꽃 생김새도 개성 있습니다. 흰색 꽃잎 4장이 모여 나는데, 그 중심에 방망이처럼 생긴 노란 수술대 하나가 우뚝 솟아 있어 귀엽습니다. 하트 모양의 넓은 잎은 우아하여 자수를 놓기에 매력적입니다.

이런 꽃의 특징을 살려서 자련수로 수수하게 수놓습니다. 하트 모양의 넓은 잎 또한 자련수로 표현합니다. 복잡하고 넓은 모양도 잎맥을 먼저 나누어주면 어렵지 않게 수결을 만들 수 있습니다. 면을 메운다는 느낌으로 한 땀 한 땀 수놓으면 어느새 완성됩니다.

난이도 ★★★★★

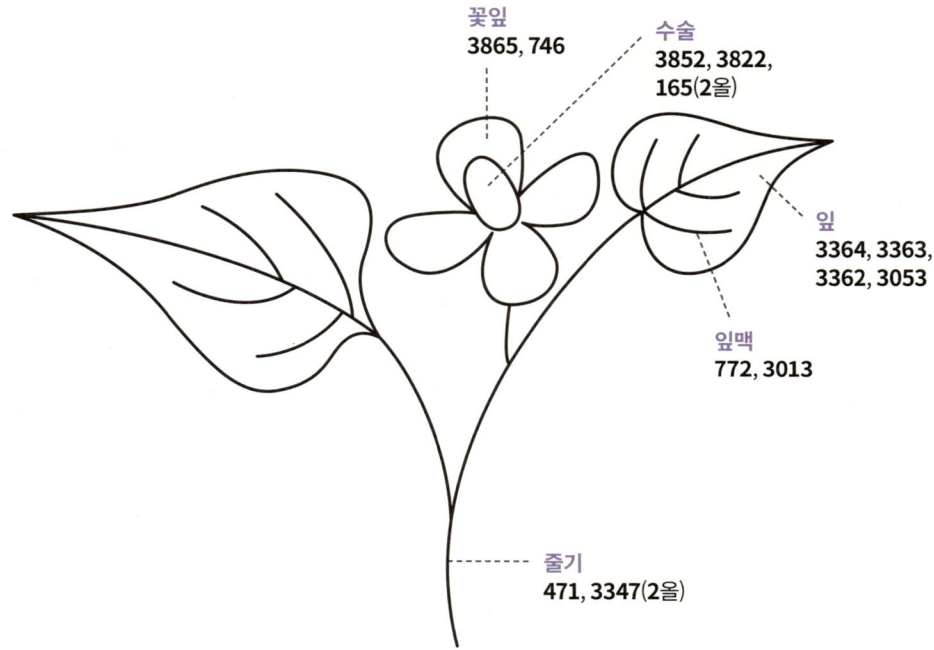

꽃잎
3865, 746

수술
3852, 3822,
165(2올)

잎
3364, 3363,
3362, 3053

잎맥
772, 3013

줄기
471, 3347(2올)

꽃

1 먼저 방망이 모양의 수술을 매듭수로 놓습니다. 2올 2번 감기로 테두리를 놓고, 2올 3번 감기로 내부를 채웁니다. 세 가지 색으로 자연스럽게 명암을 표현해보세요.

2 꽃잎을 자련수로 놓습니다. 기화펜이나 연필로 수결을 표시합니다.

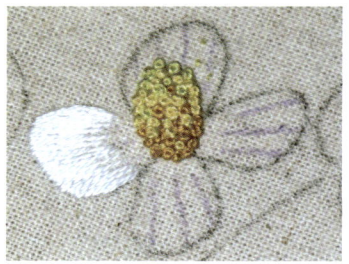

3 표시한 수결에 맞춰 꽃잎의 2/3 정도를 흰색으로 수놓습니다.

4 나머지 꽃잎도 표시한 수결대로 흰색을 수놓습니다. 다음 색으로 빈 곳을 채워 꽃잎을 완성합니다.

 잎

5 잎맥을 이음수로 놓습니다. 잎끝 부분은 가늘고 밝게, 줄기 쪽은 약간 굵고 진하게 표현합니다.

6 자련수로 밝은 색에서 짙은 색으로 점차 명암을 주며 잎을 수놓습니다. 먼저 수결을 표시합니다. 가름수 방향으로 잎맥과 약간 어긋나게 표시하면 잎맥의 색과 입체감이 부각됩니다.

Tip 하트 모양의 넓은 잎이라 수결을 찾기 어렵습니다. 이럴 때는 잎맥을 먼저 수놓은 다음에 가름수 방향의 수결로 차근차근 면을 메워나가면 수월합니다.

7 수결에 맞춰 잎끝부터 밝은 색으로 일정량을 채우고, 다음 어두운 색으로 계속해서 면을 채워나갑니다.

8 줄기 방향으로 갈수록 점차 어두운 색으로 농도를 줍니다. 색이 서로 경계가 생기지 않고 자연스럽게 그러데이션 되도록 조심합니다.

 줄기

9 줄기를 2올 이음수로 수놓습니다. 약모밀 꽃은 잎이 넓으니 줄기도 어느 정도 굵어야 안정감이 있습니다. 두 가지 색으로 줄기에도 명암을 표현합니다.

산수국

산수국은 산에서 자라는 수국이라는 의미를 담은 이름입니다. 사찰 정원에서 자주 볼 수 있는 여름 꽃 수국과 비슷하게 생겼지만, 산에서 자라는 야생의 꽃답게 수수합니다. 동그란 수국에 비해 거친 듯 덜 다듬어진 모습이 생기발랄해 보입니다. 꽃색은 주로 푸른색이 많고 자라는 곳의 토양 성분에 따라서 보랏빛, 흰빛 등으로 달라집니다. 화사한 꽃의 빛깔이 아름다워서 근래 들어 자수 작가들에게 사랑받는 꽃이기도 합니다.

이번 자수에서는, 노란빛에서 푸른빛으로 꽃 색상을 다채롭게 수놓고 양쪽으로 마주나는 잎도 자련수로 표현합니다. 여러 단계로 농담을 풀어서 푸르른 잎을 표현해보세요. 여름 꽃답게 넓고 푸른 잎이 꽃의 매력을 배가시켜줍니다.

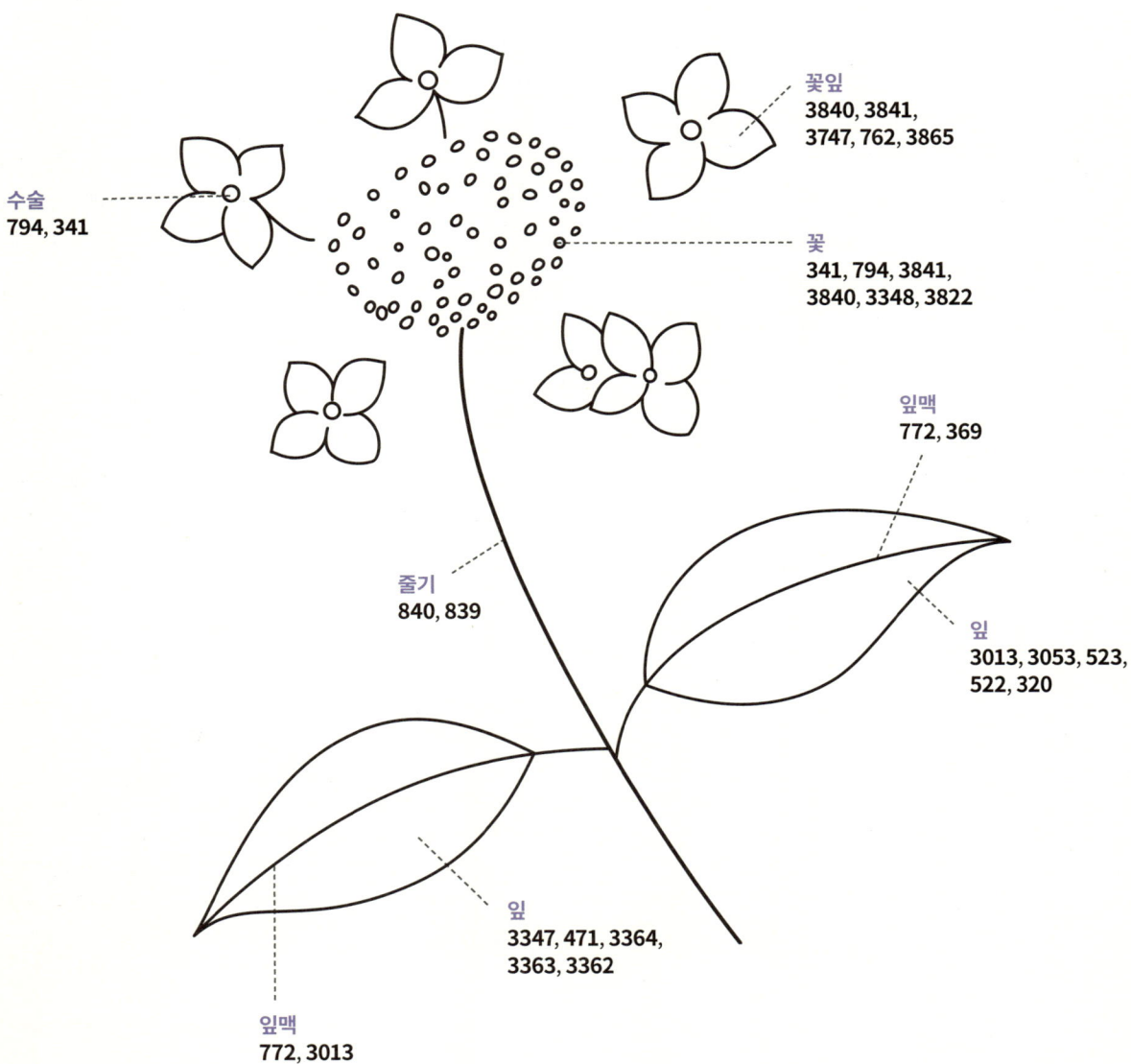

수술
794, 341

꽃잎
3840, 3841,
3747, 762, 3865

꽃
341, 794, 3841,
3840, 3348, 3822

잎맥
772, 369

줄기
840, 839

잎
3013, 3053, 523,
522, 320

잎
3347, 471, 3364,
3363, 3362

잎맥
772, 3013

🌱 꽃

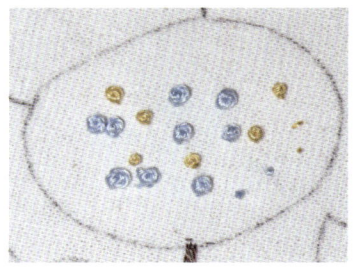

1 중앙의 둥그런 부분은 실제 꽃과 수술
이 모여 있는 곳입니다. 이 부분을 매듭
수로 먼저 채웁니다. 4올로 2번 감기,
3올로 2번 감기, 3올로 3번 감기 등으
로 매듭을 크게 만들어 중앙을 풍성하
게 채웁니다.

2 여러 색상을 자연스럽게 섞어봅니다.
단, 노란색은 조금만 사용하고 푸른색
계열을 위주로 색상을 사용합니다.

3 꽃잎을 자련수로 놓습니다. 먼저 중심
선을 그려주세요.

4 중심선을 기준으로 꽃 모양에 맞추어
자련수로 1단을 완성합니다.

5 밝은 색으로 나머지를 채웁니다. 땀 길
이를 서로 다르게 해서 색이 자연스럽
게 그러데이션 되도록 표현합니다.

6 다른 꽃잎도 완성한 다음에 중앙에 진
한 색으로 3올 2번 감기 매듭수 하나
를 수놓습니다.

🌱 줄기

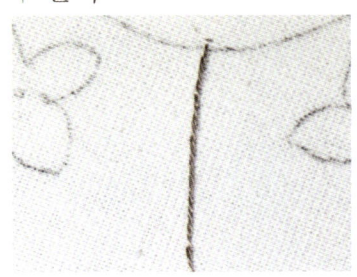

7 이음수를 세로로 1줄 놓습니다.

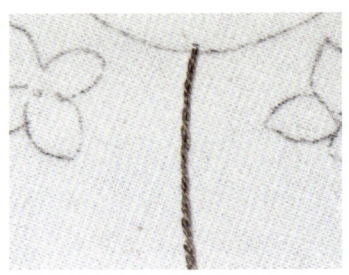

8 놓은 이음수 바로 옆에 붙여서 이음수
를 1줄 더 놓습니다. 이런 방법으로 줄
기를 굵게 만들어줍니다. 3~4줄 정도
놓아서 위쪽은 가늘고 아래쪽은 굵게
만들어보세요.

9 어두운 색 실로 줄기에 명암을 표현해
보세요. 색이 자연스럽게 어두워지려면
색이 바뀌는 부위가 서로 달라야 합니
다. 색이 바뀌는 곳의 경계가 불분명해
져서 자연스럽게 명암이 표현됩니다.

🌿 잎

10 이음수로 잎맥을 먼저 수놓습니다. 두 가지 색을 사용해 줄기 쪽을 약간 더 진하고 굵게 표현합니다.

11 잎에 수결을 표시합니다. 수결은 가름수 결로, 색상은 자련수 기법으로 명암을 표현할 것입니다.

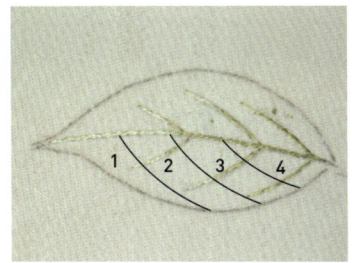

Tip 한 잎당 네 가지 색을 사용합니다.

12 잎끝에서 줄기 쪽으로 갈수록 밝은 색에서 짙은 색으로 명암을 표현합니다. 가장 밝은 색으로 길고 짧은 땀을 반복하는 자련수를 1단 수놓습니다.

13 다음 색으로 연결해서 자련수를 놓습니다.

14 같은 방식으로 면을 채워나갑니다. 밝은 색에서 짙은 색으로 명암이 자연스럽게 표현되도록 수놓습니다.

15 계속해서 짙은 색으로 채웁니다. 넓은 면을 채울 때는, 수결이 흐트러지지 않도록 조심합니다.

16 네 가지 색상으로 잎의 반쪽을 수놓았습니다. 나머지 반쪽도 같은 방법으로 채색하듯이 한 땀 한 땀 면을 채웁니다.

라벤더

허브를 대표하는 식물 라벤더의 어원은 라틴어로 '씻다'라는 의미입니다. 향기가 좋아 고대 로마 시대부터 입욕제로 사용되었다 합니다. 비누, 향수, 화장품 등 방향성 제품으로 이용될 뿐만 아니라 진정 작용이 있어 차로도 즐겨 마십니다. 보라색 꽃도 아름다워 관상용으로도 널리 심습니다.

꽃은 평수로 놓습니다. 기법은 단순하나 꽃잎의 색상 배치에 신경 써야 합니다. 한 꽃에, 한 줄기에 한 가지 색이 몰리지 않고 전체 층과 줄기에 골고루 분산되어야 조화롭습니다.

잎도 이전 작품들보다 개수가 많아졌습니다. 모두 자련수로 놓아 색에 농담을 표현합니다. 작은 잎부터 한 가지 색상, 두 가지 색상으로 수놓아서 수결을 익히고 점차 큰 잎으로 놓아가면 됩니다.

꽃잎
333, 3746, 155, 340,
341, 156(2올)

줄기
988, 987

잎
369, 368, 320, 367, 319

줄기

1 줄기를 1올 이음수로 놓습니다. 윗부분은 가늘게 아래로 갈수록 약간 굵게 합니다.

 꽃

2 기다란 쌀알이 몇 개씩 모여 있는 모양입니다. 한 알 한 알을 평수로 수놓습니다. 먼저 각 알갱이의 중심선을 표시합니다.

3 꽃잎을 2올 평수로 놓습니다.

4 나머지 꽃잎도 평수로 놓습니다. 꽃 색이 총 6개입니다. 꽃 한 뭉치에 두세 가지 색을 사용하여 조화롭게 색을 배열합니다.

 잎

5 잎을 자련수로 놓습니다. 중심선을 표시합니다. 잎끝은 밝고 아래로 갈수록 진하게 자련수로 그러데이션 할 것입니다.

6 중심선을 기준으로 길고 짧은 땀을 반복하여 반쪽을 먼저 수놓습니다. 잎 모양이 줄기로 갈수록 살짝 좁아지므로 수결도 그에 맞춥니다. 완만한 잎 모양이라 자련수를 연습하기 좋습니다.

7 나머지 반쪽도 수결에 맞게 자련수로 땀을 만듭니다.

8 다음 색으로 자련수를 1단 더 놓습니다. 점점 짙은 색으로 면을 채웁니다.

9 마지막 색으로 빈 부분을 채웁니다.

Tip 작은 잎은 두 가지 색, 중간 것은 세 가지 색, 제일 긴 것은 네 가지 색을 사용해서 전체 잎을 조화롭고 풍부하게 표현하세요.

구절초

구절초는 쑥부쟁이와 함께 산이나 들에서 자라는 우리나라의 대표적인 가을 야생화입니다. 국화과로 산국, 감국, 해국 등과 더불어 통칭 '들국화'라는 이름으로 불립니다. 약재로도 널리 사용되어 민간에서는 '선모초仙母草'라는 명칭을 사용하기도 합니다. 여러 효능이 있지만 그중 부인과 질환에 특히 좋아 '신선이 어머니에게 준 약초'라는 의미로 붙여진 이름이라는 설도 있 습니다.

꽃 모양이 소담하니 아름다워 관상용으로도 가치가 높습니다. 한여름 더위가 식고 선선한 바 람이 부는 가을에 피는 꽃이라 그런지 은은한 달빛을 닮았습니다. 깨끗한 흰색에서 화사한 분 홍까지 펼쳐지는 꽃의 빛깔이 곱고 향도 신선합니다. 한 송이만 있으면 소박하고 담박하기 그 지없고, 여러 송이가 모여 있으면 구름 떼가 몰려오는 듯하여 감탄을 자아내게 합니다. '맑고 향기롭게'라는 말이 가장 어울리는 꽃이 아닐까 합니다.

앞에서 수놓은 미국쑥부쟁이와 비슷한 모양이지만 꽃이 더욱 크고 도톰하므로 자련수로 수 놓습니다. 한 송이의 꽃을 한 가지 색이 아닌 여러 색을 사용하여 흰색에서 분홍으로 점차 변 하는 모습을 다양하게 담아보세요.

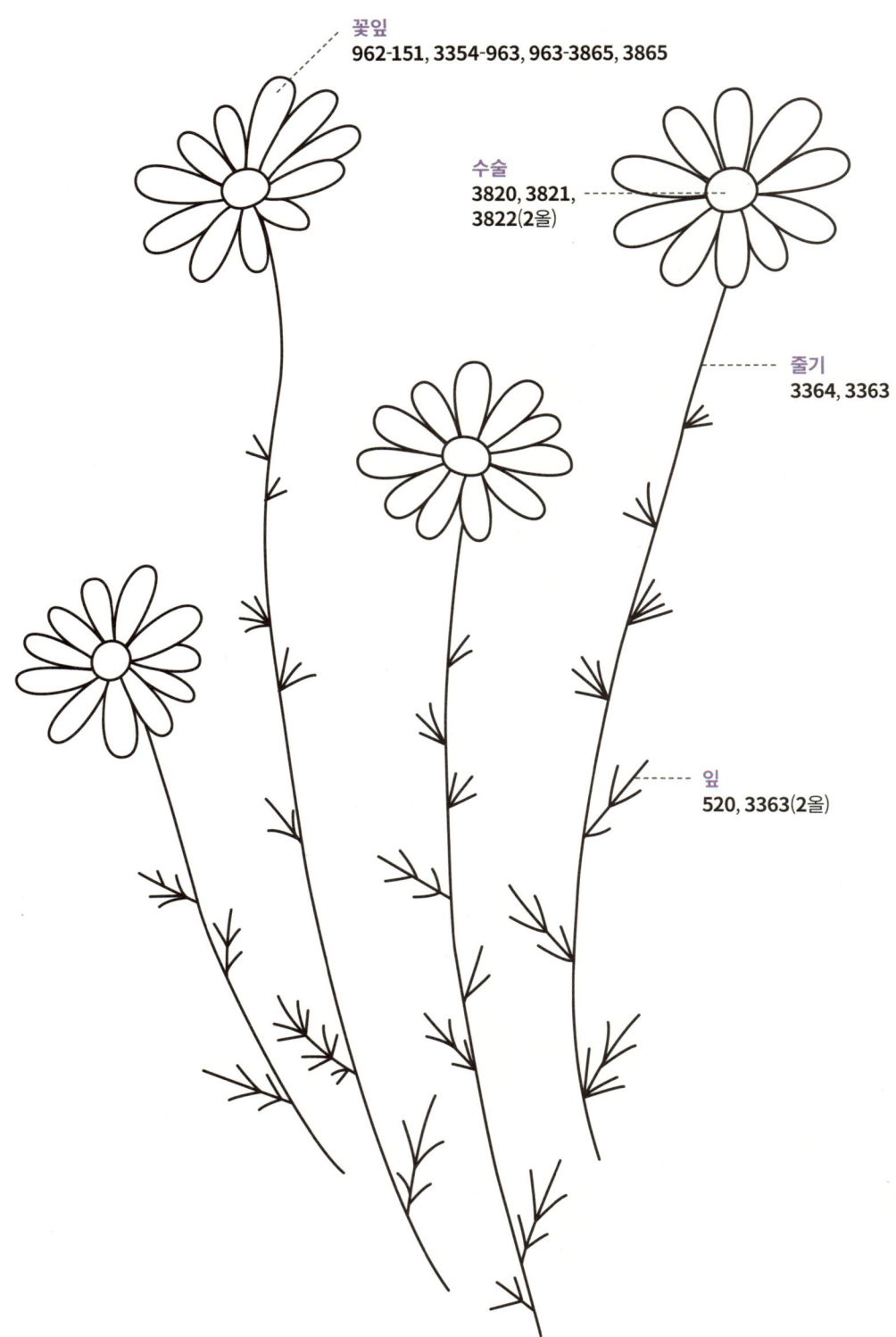

꽃잎
962-151, 3354-963, 963-3865, 3865

수술
3820, 3821,
3822(2올)

줄기
3364, 3363

잎
520, 3363(2올)

 꽃

1 꽃을 자련수로 놓습니다. 각 꽃잎에 수결의 기준이 될 중심선을 표시합니다.

2 꽃잎 1장을 수놓아보겠습니다. 한 꽃잎에 두 가지 색을 사용해서 수술에 가까울수록 밝게 표현할 것입니다. 먼저 진한 색으로 길고 짧은 땀을 반복하여 1단을 수놓습니다.

3 나머지를 다음 밝은 색으로 채웁니다.

4 같은 방식으로 나머지 꽃잎도 자련수를 놓습니다. 사진처럼 각 꽃잎의 색을 조금씩 다르게 표현해보세요.

5 각 꽃잎의 다음 색으로 빈 곳을 채워 마무리합니다.

Tip 각 꽃잎의 색상을 다르게 표현하기 어려우면 모두 같은 배색으로 수놓아도 깔끔합니다.

6 둥그런 수술을 매듭수로 채웁니다. 두 가지 색상을 사용해서 2올 2번 감기, 2올 3번 감기로 놓습니다.

 줄기

 잎

7 줄기를 2올 이음수로 놓습니다.

8 잎을 2올 이음수로 놓습니다. 쑥처럼 삐죽삐죽한 모양입니다. 이음수 2~3땀 정도로 굵게 만들어주세요. 커다란 잎은 사진처럼 중심에 긴 모양을 먼저 진한 색으로 놓습니다.

9 옆으로 뻗친 잎을 연한 색으로 몇 개 놓습니다. 작은 잎은 선수로 간단히 표현합니다.

씀바귀

씀바귀는 전국의 산야에서 쉽게 볼 수 있는 우리 야생화입니다.

꽃잎의 개수, 잎 모양, 크기, 개화 시기 등에 따라서 종류도 매우 다양합니다. 톱니 모양의 노란 꽃잎이 특징이고 민들레처럼 쓴맛이 납니다. 줄기나 잎을 자르면 하얀 유액이 나오는데 이렇게 하얀 유액이 나오는 식물은 대개 약재의 성질이 있습니다. 씀바귀 역시 여러 약성이 있어 봄이 면 그 뿌리와 잎을 나물로 즐겨 먹습니다. 쌉싸래한 맛이 겨울 추위에 지친 입맛을 깨우는 별 미입니다. 예부터 나물과 약초로 널리 쓰임은 물론이고, 노란색의 꽃 또한 맑고 상냥하니 아름 다워 더욱 아끼고 사랑해야 할 우리 들꽃이 아닌가 합니다.

자수는 꽃잎 색상에 농도를 표현하기 위해서 자련수로 놓습니다. 꽃잎의 작은 톱니 모양도 설 명에 따라 수놓으면 쉽게 모양을 만들어낼 수 있습니다.

자연의 꽃을 관찰해보면 활짝 핀 꽃은 연하고 덜 핀 꽃이나 꽃봉오리는 진한 색입니다. 씀바귀 역시 그러합니다. 이번 자수에서는 활짝 핀 꽃뿐 아니라 꽃봉오리도 여러 개 있습니다. 작은 모 양이지만 꽃 색보다 진하게 담아내면 전체적으로 꽃 색이 풍부해지고 생기가 돕니다. 또한, 잎 의 색도 자련수로 은은하게 연한 색에서 진한 색으로 농도를 풀어내도록 합니다.

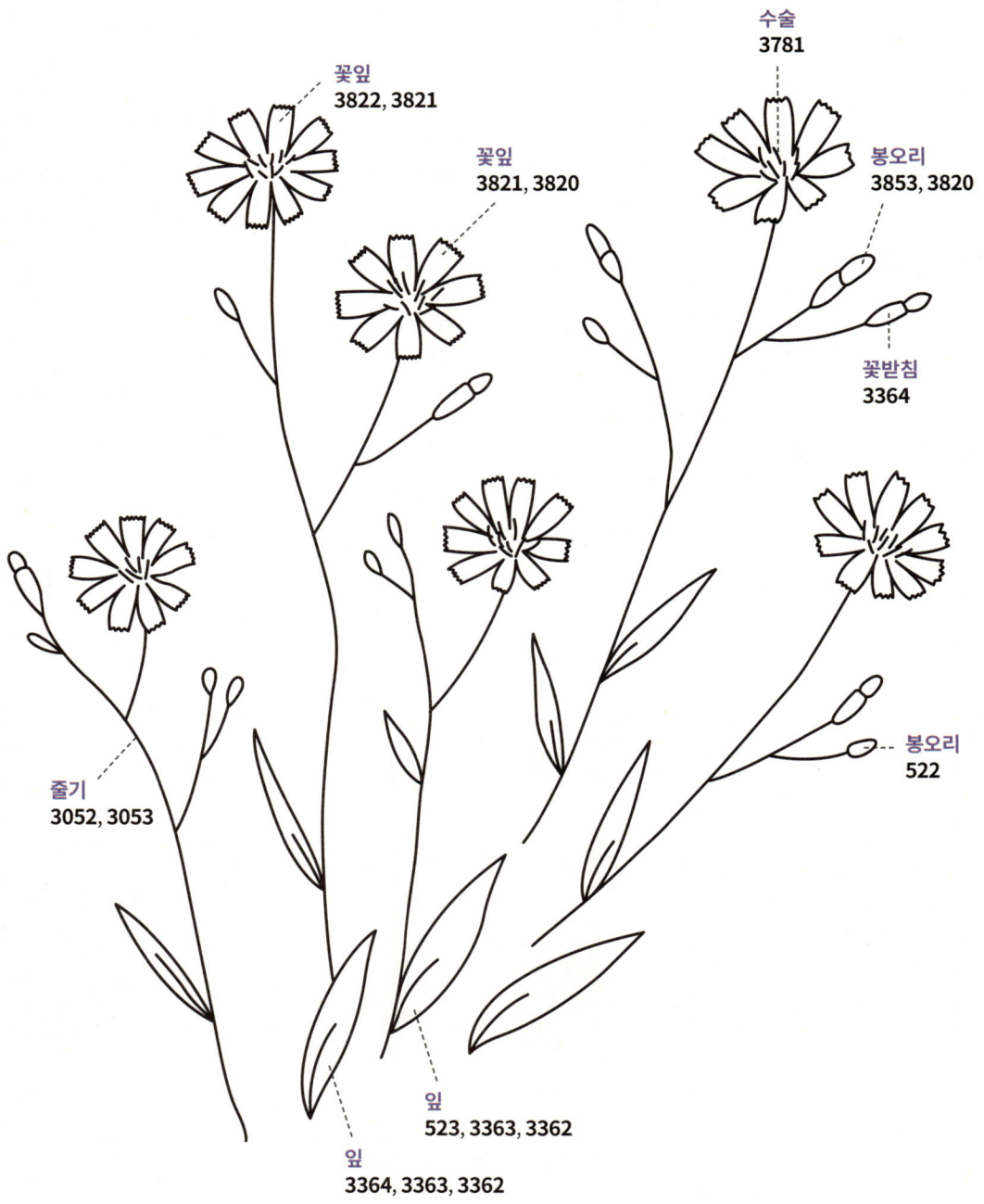

수술
3781

꽃잎
3822, 3821

꽃잎
3821, 3820

봉오리
3853, 3820

꽃받침
3364

줄기
3052, 3053

봉오리
522

잎
523, 3363, 3362

잎
3364, 3363, 3362

 🌱 줄기

 🌱 꽃

1 줄기를 1올 이음수로 놓습니다.

2 꽃을 자련수로 놓습니다. 꽃잎마다 중심선을 표시하여 수결을 잡습니다.

3 꽃잎 끝이 작은 톱니 모양입니다. 도안 선을 기준으로, 그것보다 1mm 정도 밖으로 낸 땀 한 번, 도안 선 또는 선보다 1mm 내로 들어가서 땀 한 번 내는 것을 반복하면 톱니 모양이 쉽게 만들어집니다. 이렇게 끝 모양을 살려서 자련수를 1단 놓습니다.

4 진한 색으로 마무리합니다. 빈 곳이 없게 면을 모두 채웁니다.

5 도안을 참고하여 기화펜으로 수술을 표시합니다.

6 1올 선수로 수술을 놓습니다. 꽃에 표정이 생깁니다.

7 작은 꽃망울은 평수로 간단히 놓습니다. 옆의 조금 더 큰 꽃봉오리는 두 가지 색을 사용해서 자련수로 표현합니다. 먼저 꽃봉오리 아래에서부터 노란색으로 1단을 수놓습니다.

8 주황색으로 꽃봉오리 끝을 살짝 물들입니다.

9 꽃봉오리에 받침을 만듭니다. 꽃잎처럼 삐죽삐죽한 모양으로 땀 길이에 조금씩 차이를 두면서 놓으면 자연스럽습니다.

🌱 잎

10 잎을 자련수로 놓습니다. 먼저 잎의 중심선을 잡고, 잎 테두리 선에 맞게 중심선과 완만한 각이 되도록 수결을 표시합니다.

11 두세 가지 색을 사용해서 줄기 쪽으로 갈수록 잎 색이 짙어지게 그러데이션 할 것입니다. 먼저 밝은 색으로 자련수를 일정량 수놓습니다.

12 다음 진한 색으로 잎 가운데를 수놓습니다.

13 가장 짙은 색으로 마무리합니다.

Tip 작은 잎은 두 가지, 큰 잎은 세 가지 색으로 수놓습니다. 자련수가 어려우면 잎을 모두 가름수로 놓아도 예쁩니다.

벚꽃

벚꽃은 많은 사람에게 '봄' 하면 가장 먼저 떠오르는 꽃일 것입니다. 추운 겨울이 지나고 포근한 햇살이 대지를 녹일 때 커다란 나무에 흐드러지게 피어나는 벚꽃은 보는 이로 하여금 환한 미소를 짓게 합니다.

온유한 연분홍빛 봄의 느낌을 담기 위해 자련수로 색상을 그러데이션 해서 표현합니다. 색의 격차가 크지 않아서 자련수로 놓기 어렵지 않을 것입니다. 꽃잎의 둥근 모양을 살리고 수결을 완만히 하는 데 주의하면 됩니다.

꽃자루와 가는 가지는 이음수로, 굵은 가지는 이음수에서 사선 평수로, 더욱 굵어진 나무줄기는 자련수로 표현합니다. 바람에 날리는 꽃잎이 몇 장 있습니다. 취향에 따라 추가로 더 그려서 수를 놓아도 좋습니다.

난이도 ★★★★★

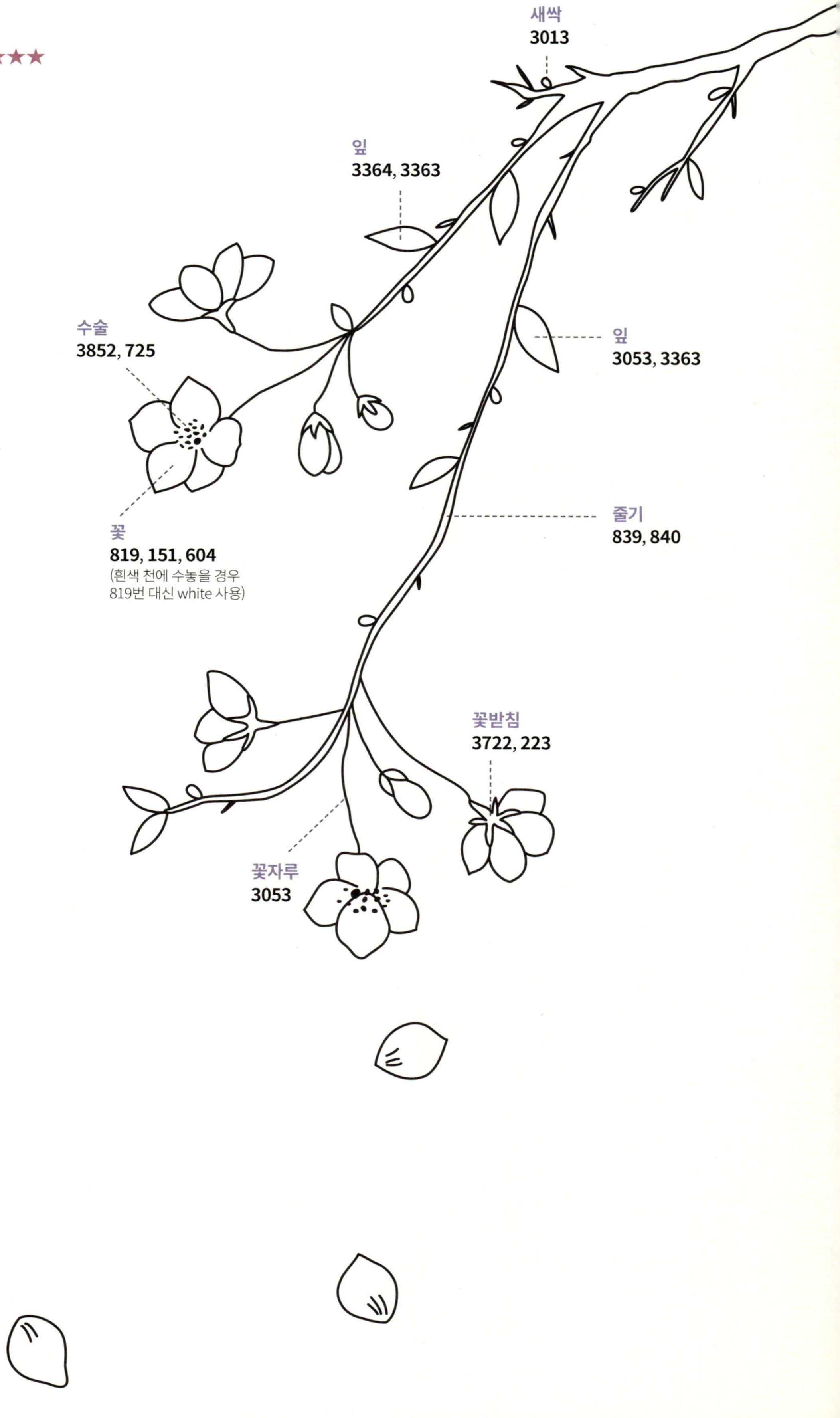

새싹
3013

잎
3364, 3363

수술
3852, 725

잎
3053, 3363

줄기
839, 840

꽃
819, 151, 604
(흰색 천에 수놓을 경우
819번 대신 white 사용)

꽃받침
3722, 223

꽃자루
3053

🌿 꽃

1 활짝 핀 꽃부터 수놓아보겠습니다. 꽃잎
마다 중심선을 그려 수결을 찾습니다.

Tip 꽃잎이 겹쳐 있으니 위로 올라온 모양부터
순서대로 놓습니다.

2 두세 가지 색을 사용해 수술쪽에 가까
울수록 진하게 꽃잎을 수놓을 것입니
다. 길고 짧은 땀을 반복하여 밝은 색
으로 꽃잎의 2/3 정도 수놓습니다.

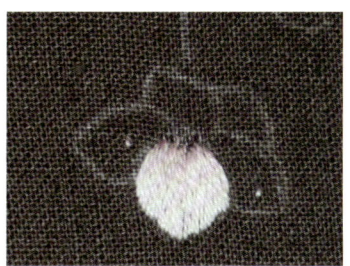

3 더 짙은 분홍색으로 1단을 수놓습니다.

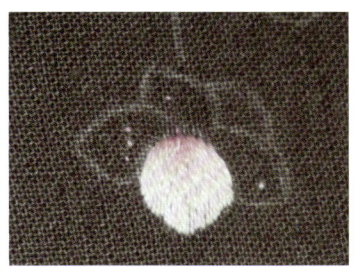

4 마지막 색으로 남은 부분을 채웁니다.

5 다른 꽃잎도 순서대로 수놓습니다.

Tip 작은 꽃잎은 두 가지 색으로, 큰 꽃잎은
세 가지 색으로 수놓습니다.

6 마찬가지로 다른 꽃잎도 짙은 색으로
완성합니다.

7 꽃 중앙에 매듭수로 수술을 만듭니다.
2올 1번 감기 매듭수로 몇 땀을 먼저 놓
고, 1올 2번 감기와 1올 1번 감기 매듭
수로 나머지를 수놓습니다.

Tip 수술이 뻗치는 방향과 퍼지는 형태가 중요
하니 도안을 보며 수놓으세요.

8 작은 꽃망울은 평수로, 큰 꽃망울은 두
가지 색을 사용해 자련수로 놓습니다.
꽃을 먼저 놓고 평수로 꽃받침 모양을
만들어보세요.

9 뒷모습의 꽃을 수놓아보겠습니다. 활짝
핀 꽃과 마찬가지로 수결을 표시한 후
두 가지 색으로 자련수를 놓습니다.

10 꽃받침을 자련수로 놓습니다.

11 꽃잎과 꽃잎 사이마다 이음수로 몇 땀을 더 내어줍니다. 꽃받침에 힘이 생겼습니다.

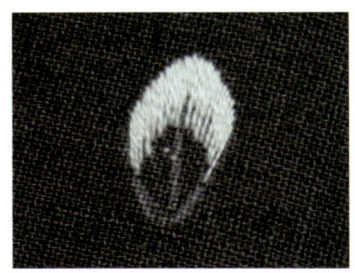

12 바람에 날리는 꽃잎을 표현해보겠습니다. 활짝 핀 꽃잎처럼 세 가지 색상으로 자련수를 놓습니다. 먼저 밝은 색으로 수결에 맞게 자련수를 놓습니다.

13 다음 색으로 가운데를 수놓고, 마지막 색으로 몇 땀을 놓아서 마무리합니다.

🌱 줄기

14 1올 이음수로 가느다란 줄기 끝부터 수놓습니다. 위로 갈수록 줄기가 점차 굵어집니다. 이음수에서 사선평수로 자연스럽게 굵기를 만들어보세요. 커다란 본줄기가 나오면 가로 방향으로 자련수를 놓습니다.

🌱 꽃자루

15 꽃자루를 1올 이음수로 놓습니다.

🌱 잎

16 두 가지 색을 사용하여 잎을 자련수로 놓습니다.

Tip 줄기에 붙은 아주 작은 잎(새싹)은 평수로 간단히 놓습니다.

동백

동백나무는 '동백冬柏'이라는 이름처럼 추운 겨울이 되면 제 아름다움과 가치를 드러내는 나무입니다. 여타의 나무와 달리 늦가을인 11월 무렵부터 4월 초봄까지 꽃이 피며, 꽃잎의 붉은 빛이 유난히 아름다워서 관상용으로 즐겨 심습니다.

갈색, 연한 갈색, 황토색 일색으로 산과 들이 물드는 때에 불꽃처럼 붉은 꽃잎과 노란 꽃술이 강한 생명력을 보여주는 듯 고혹적입니다. 반대로 가장 빛나는 순간에 송이째 꽃잎을 떨어뜨리는 모습은 냉정하고 단호해 보입니다. 나무 아래 떨어진 꽃잎을 바라보고 있으면 처연한 슬픔마저 느껴집니다. 뜨거움과 차가움, 기쁨과 슬픔, 열정과 냉정의 양면성을 두루 갖춘 매력적인 꽃이 아닌가 합니다.

동백꽃은 6장의 꽃잎이 서로 겹쳐 있습니다. 겹친 꽃잎을 구분하는 방법은 몇 가지가 있습니다. 여기서는 그중 앞쪽에 있는 잎은 밝고, 뒤쪽에 있는 잎은 진하게 색을 표현해 경계를 나누어 주었습니다. 꽃 색깔에 농도를 주기 위해서 꽃잎 하나에 서너 가지 색을 사용합니다. 수결에 유의해서 자연스러운 색의 변화를 만들어보세요.

꽃, 꽃봉오리, 꽃받침, 잎, 줄기 모두 고급 기법인 자련수로 색상의 농도 변화를 섬세히 나타내어 수채화처럼 표현해보세요.

앞 꽃잎
962, 3832, 3831, 304

뒤 꽃잎
335, 3832, 3831, 304

꽃봉오리
962, 3832, 3831

수술
3865, 3820, 3822

꽃받침
3013, 3052

줄기
839, 840

잎맥
369

잎
368, 320, 367

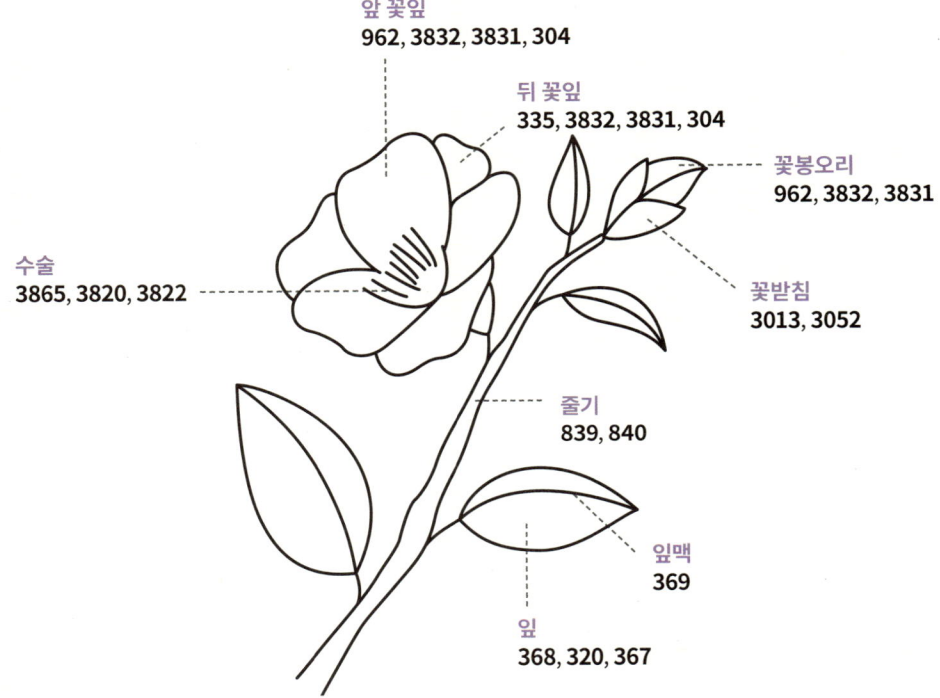

꽃

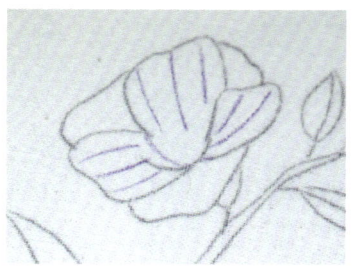

1 앞 꽃잎부터 수놓습니다. 먼저 수결을 표시합니다. 중심선을 표시하고 꽃잎 양 끝 모양에 맞게 선을 그립니다.

Tip 6장의 꽃잎 중 앞으로 올라온 3개를 먼저 놓고 뒤에 있는 것을 놓습니다.

2 꽃잎을 자련수로 놓습니다. 중심으로 갈수록 진하게 서너 가지 색으로 그러데이션 할 것입니다. 그중 밝은 색으로 자련수를 1단 놓습니다.

3 두 번째 색으로 면을 채웁니다.

4 세 번째 색으로 면을 채웁니다. 이중 가운데 꽃잎은 아래에 수술이 덮여서 가려지므로 다 채우지 말고 중심을 조금 남겨둡니다.

Tip 세 번째 색으로 했는데도 면이 덜 채워졌다면, 네 번째 색으로 남은 면을 채웁니다.

5 뒤 꽃잎은 위보다 한 단계씩 더 짙은 색상의 실로 표현합니다. 꽃잎마다 수결을 표시하고, 밝은 색으로 꽃잎 끝부터 조금 수놓습니다.

6 꽃 중심으로 갈수록 점차 짙은 색으로 면을 채웁니다. 명암이 살아나서 각 꽃잎과 경계가 명확해집니다.

7 흰 실로 수술대를 만듭니다. 빨간 꽃잎 중앙에 있는 흰 수술대가 매력인 꽃이니 수술대를 입체감 있게 수북이 놓습니다.

8 1올 2번 감기 매듭수로 노란 꽃밥을 놓습니다. 두 가지 색을 자연스럽게 섞어서 아래위로 넉넉히 놓습니다.

9 꽃봉오리의 꽃받침을 자련수로 놓습니다. 중심선을 그어 수결을 찾습니다.

10 두 가지 색으로 줄기 쪽을 진하게 명암을 줄 것입니다. 먼저 밝은 색으로 1단을 만듭니다.

11 진한 색으로 마무리합니다.

Tip 활짝 핀 꽃의 꽃받침은 크기가 작으니 한 가지 색으로 평수를 놓습니다.

12 꽃봉오리도 자련수로 놓습니다. 겹쳐진 모양입니다. 구분될 수 있도록 각각 다른 방향으로 수결을 냅니다.

🌿 잎

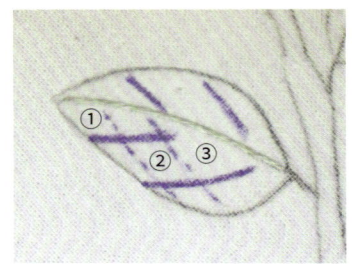

13 꽃받침 쪽은 진하고 꽃잎 끝은 밝게 자련수로 완성합니다.

14 잎맥을 이음수로 놓고 수결을 표시합니다. 수결은 가름수 방향으로 하되, 자련수 기법으로 색상을 풀 것입니다.

15 세 가지 색상을 점선으로 표시한 만큼 사용해서 잎맥으로 갈수록 진하게 그러데이션 할 것입니다.

🌿 줄기

16 가장 밝은 색으로 길고 짧은 땀을 반복하여 처음 단을 수놓습니다.

17 진한 색으로 나머지를 채웁니다. 반대쪽도 같은 방법으로 채웁니다.

Tip 큰 잎은 세 가지 색을, 작은 잎은 두 가지 색을 사용합니다.

18 줄기를 자련수로 놓습니다. 줄기 끝선을 따라서, 평행하게 쭉 가도록 수결을 내어 길고 짧은 땀을 반복하여 면을 채워나갑니다. 줄기는 본래 거친 느낌이므로 자련수가 조금 거칠어도 괜찮습니다. 줄기 아래쪽은 짙은 색으로, 위는 밝은 색으로 명암을 나타냅니다.

미나리냉이

미나리냉이는 전국 산지의 계곡 주변, 습한 곳에 자라는 야생
화입니다. 잎은 미나리와 비슷하고, 꽃은 냉이꽃과 비슷합니
다. 이름 속에 꽃의 특징이 다 드러나 있습니다. 개화 시기는
봄기운이 완연한 4~6월 사이이고, 야생화치고는 작지 않은
키(30~70cm)에 군락을 이루어 핍니다. 바라보고 있으면 때 묻
은 마음마저 씻길 듯 맑고 청초한 아름다움을 보여줍니다.

미나리냉이의 꽃은 쉽게 수놓을 수 있습니다. 잎도 어렵지는
않으나 삐죽삐죽한 모양을 내는 데 신경 써야 합니다. 앞에서
다룬 피나물의 잎 모양과 비슷합니다. 미나리냉이의 잎은 피
나물 잎보다 조금 더 길고 삐죽하게 자련수로 농담을 표현합
니다.

바탕천의 색상에 따라서 자수의 느낌이 달라지기도 합니다.
산뜻하고 맑은 느낌을 표현하려면 이번 자수처럼 하늘색 바탕
천이 적당합니다.

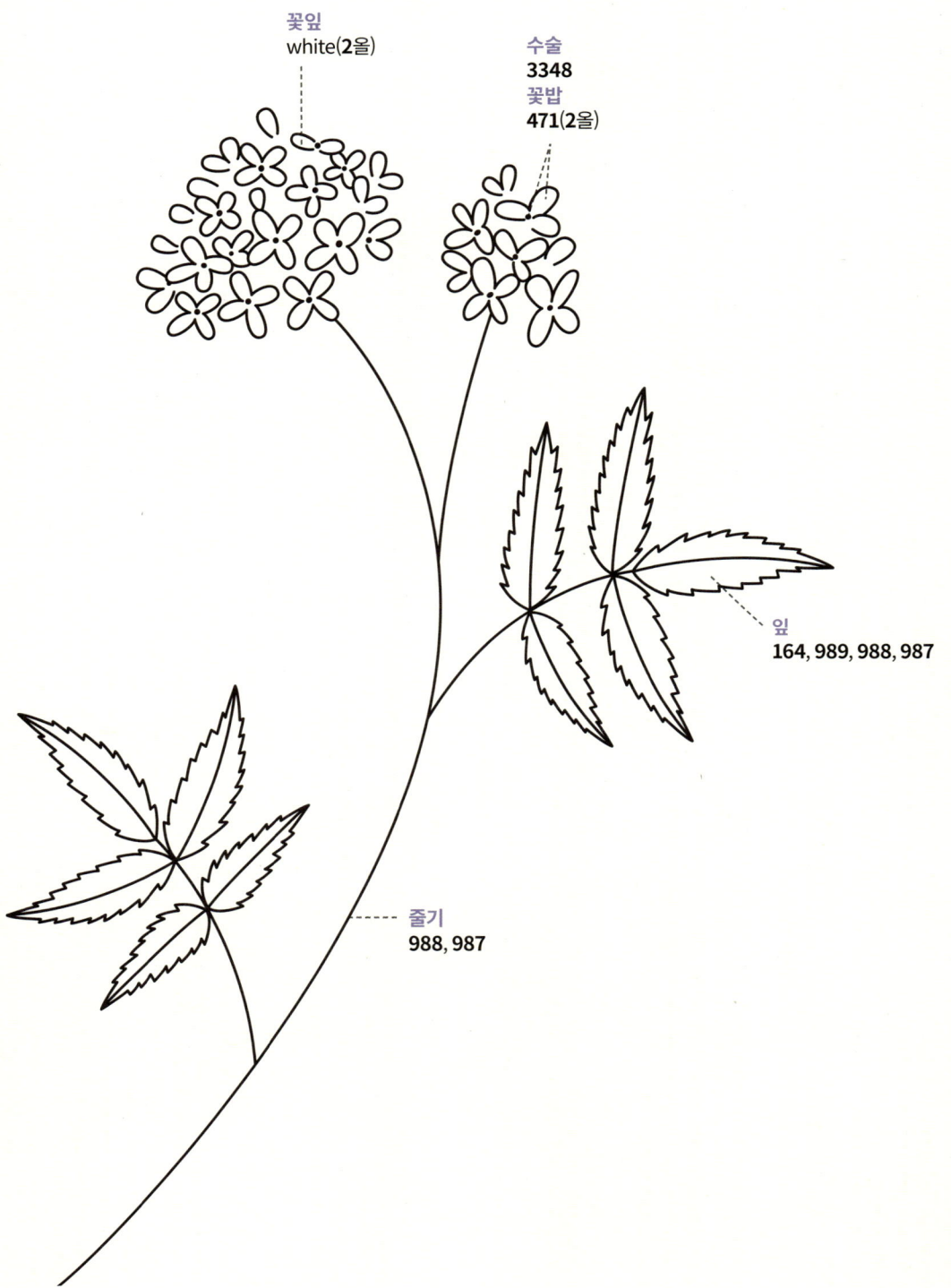

꽃잎
white(2올)

수술
3348
꽃밥
471(2올)

잎
164, 989, 988, 987

줄기
988, 987

꽃

1 꽃을 2올 평수로 놓습니다.

2 나머지 꽃도 모두 평수로 놓습니다. 꽃잎이 4장인 꽃을 먼저 놓고, 그 다음으로 3장, 2장인 꽃을 놓습니다. 꽃잎이 1장인 꽃은 봉오리입니다. 봉오리는 연두색으로 놓습니다.

3 연두색으로 꽃잎마다 2~3땀 정도로 짧게 선수를 놓아 수술을 만듭니다. 옆모습 꽃은 밖으로 수술을 내어줍니다.

4 꽃 중심에 연두색 실로 2올 2번 감기 매듭수를 한 번 놓습니다. 흰 꽃이 선명해집니다.

줄기

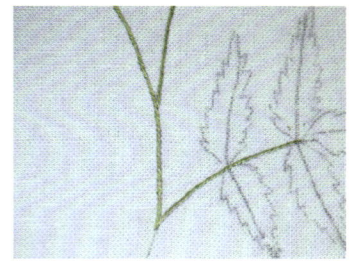

5 줄기를 1올 이음수로 놓습니다. 꽃 크기가 큰 편이므로 너무 가늘지 않게 적당한 굵기로 표현합니다.

잎

6 가름수의 수결로, 두 가지 색상을 사용해 자련수 기법으로 수놓습니다. 가름수의 결에 따라 밝은색으로 길고 짧게 1단을 놓습니다. 뾰족한 끝 모양을 살려서 표현합니다.

7 다음 진한 색으로 길고 짧은 땀을 반복하여 면을 채웁니다. 자연스러운 색 변화가 생깁니다. 전체적으로 수수하고 편안한 느낌을 위해 잎맥 표현은 생략합니다.

닭의장풀

닭장 주변에서 잘 자라서 닭의장풀이란 이름이 붙여졌습니다. 꽃 생김새가 닭의 볏을 닮아서 '달개비'라고도 부릅니다.

여름이면 전국 어디서든 흔하게 볼 수 있는 야생화로 반그늘과 양지바른 곳, 습한 곳에 자랍니다. 닭의장풀은 어쩌면 너무 흔해서 자세히 들여다보지 않은 꽃인지도 모르겠습니다. 꽃잎이 2장이고 꽃 색상으로는 보기 드물게 새파란 색입니다. 여기에 푸릇푸릇한 잎이 더해지니 여름 더위를 식혀줄 듯 싱그럽습니다. 가만히 앉아서 꽃을 세심히 관찰해보면, 한 여름날 강아지가 혀를 내밀어 더위를 식히듯 2장의 꽃잎 사이로 기다란 꽃술이 나와 있어 재미있습니다. 무심히 지나가면 발에도 밟힐 만치 흔한 야생화이지만 관심을 두고 바라보면 정겹고 매력적인 꽃이라 하겠습니다.

꽃잎은 2장뿐이지만 둥그런 모양이라서 수결을 만들기가 쉽지 않습니다. 또한 꽃 중심의 기다란 수술이 특징인 꽃이므로 이음수로 가늘고 곱게 수술 모양을 만들어내야 합니다. 꽃뿐만 아니라 잎도 휘어진 곡선 형태여서 수놓기 어렵습니다. 수결에 주의하면서 연한 색에서 짙은 색으로 색상의 계조를 자연스럽게 표현합니다. 간단해 보이는 것과는 달리 조금 어려운 자수입니다.

다양한 꽃과 잎 모양, 쉬운 것부터 어려운 것까지 단계별로 꾸준히 익히면 자수 실력이 점차 늘게 될 것입니다.

난이도 ★★★★★

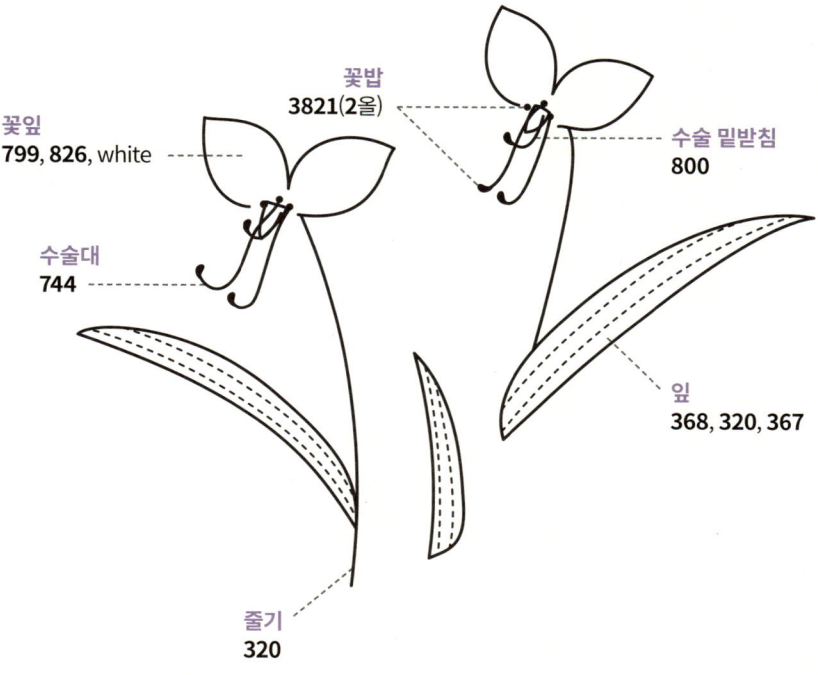

꽃밥
3821(2올)

꽃잎
799, 826, white

수술 밑받침
800

수술대
744

잎
368, 320, 367

줄기
320

꽃

1 자련수로 꽃잎을 수놓습니다. 기준이 될 중심선을 먼저 그리고, 꽃 모양에 맞게, 중심을 향해서 완만한 기울기로 표시해보세요.

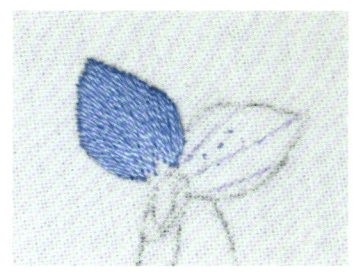

2 아랫부분을 조금만 남겨놓고 모두 파란색으로 채웁니다.

3 흰색 실로 길고 짧은 땀을 반복하여 자연스럽게 색을 그러데이션 합니다.

Tip 땀 길이가 서로 달라야 자연스러워요.

4 수술 밑받침을 평수로 놓습니다.

5 수술대를 1올 이음수로 놓습니다. 진한 노란색 실로 2올로 2번 감아 매듭수를 3~4개 놓아서 수술을 만듭니다. 같은 실로 수술대 끝에 점수로 꽃밥을 답니다. 2mm 내로 짧게 점수를 1땀 놓고 덧입혀서 1땀을 더 놓으면 도톰하게 표현됩니다.

잎

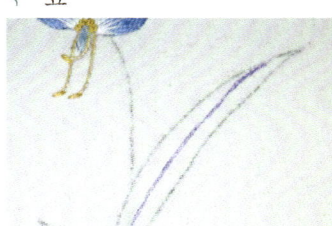

6 잎을 자련수로 놓습니다. 옆으로 약간 휘어진 모양입니다. 잎 모양대로 수결을 내되 가장 휘어짐이 덜하고 완만한 각도로 중심선을 잡아보세요.

7 세 가지 색을 사용해 잎끝에서 줄기 쪽으로 갈수록 점차 진하게 그러데이션 합니다. 먼저 밝은 색을 원하는 만큼 적당량 수놓습니다.

8 다음 중간색으로 채우고, 계속해서 더 짙은 색으로 아래쪽을 채웁니다.

줄기

9 줄기를 이음수로 놓습니다.

봉선화

봉선화는 오랜 세월 우리의 역사와 함께 이 땅에서 꽃을 피워온 식물입니다. 꽃의 모양이 봉황을 닮아 봉선화鳳仙花라 이름 지어졌으며, '봉숭아꽃'이라고도 부릅니다. '울 밑에선 봉선화'라는 노래 가사처럼 우리 조상은 담벼락이나 장독대, 텃밭 등 눈길이 가는 가까운 곳에 이 꽃을 심어 즐겨 보았습니다. 꽃은 여름에 피며 연분홍, 주홍, 다홍, 보라, 흰빛 등으로 색상이 화사하고 다양합니다. 풍성한 초록의 잎은 청량한 느낌을 풍깁니다. 무리 지어 피는 모습이 어린 소녀부터 아낙까지 여인들이 옹기종기 모여 소곤소곤 정담을 나누는 것만 같습니다. 보기에 아름다울 뿐 아니라 손톱도 주홍빛으로 곱게 물들여주는 정겨운 꽃입니다.

꽃잎과 잎을 자련수로 놓아서 은은한 수채화 느낌으로 표현합니다. 여럿이 줄지어 있지 않고 한 줄기만 피워내므로 꽃잎 하나하나 색을 달리하여 다채롭게 수놓아보세요. 꽃잎이 겹쳐 있고, 꽃대로 갈수록 모양도 좁아지므로 수결에 유의해야 합니다. 과정 설명을 숙지한 후 수를 놓으면 그리 어렵지 않을 것입니다. 꽃보다 잎 표현이 어렵습니다. 옆모습, 휘어지는 모양 등 다양하므로 어느 것보다 세심히 놓아야 합니다. 수결이 완만하고 곱게 연결되도록, 땀이 뭉치지 않도록 조심합니다. 자련수가 어려우면 가름수로 놓아도 예쁩니다.

난이도 ★★★★★★

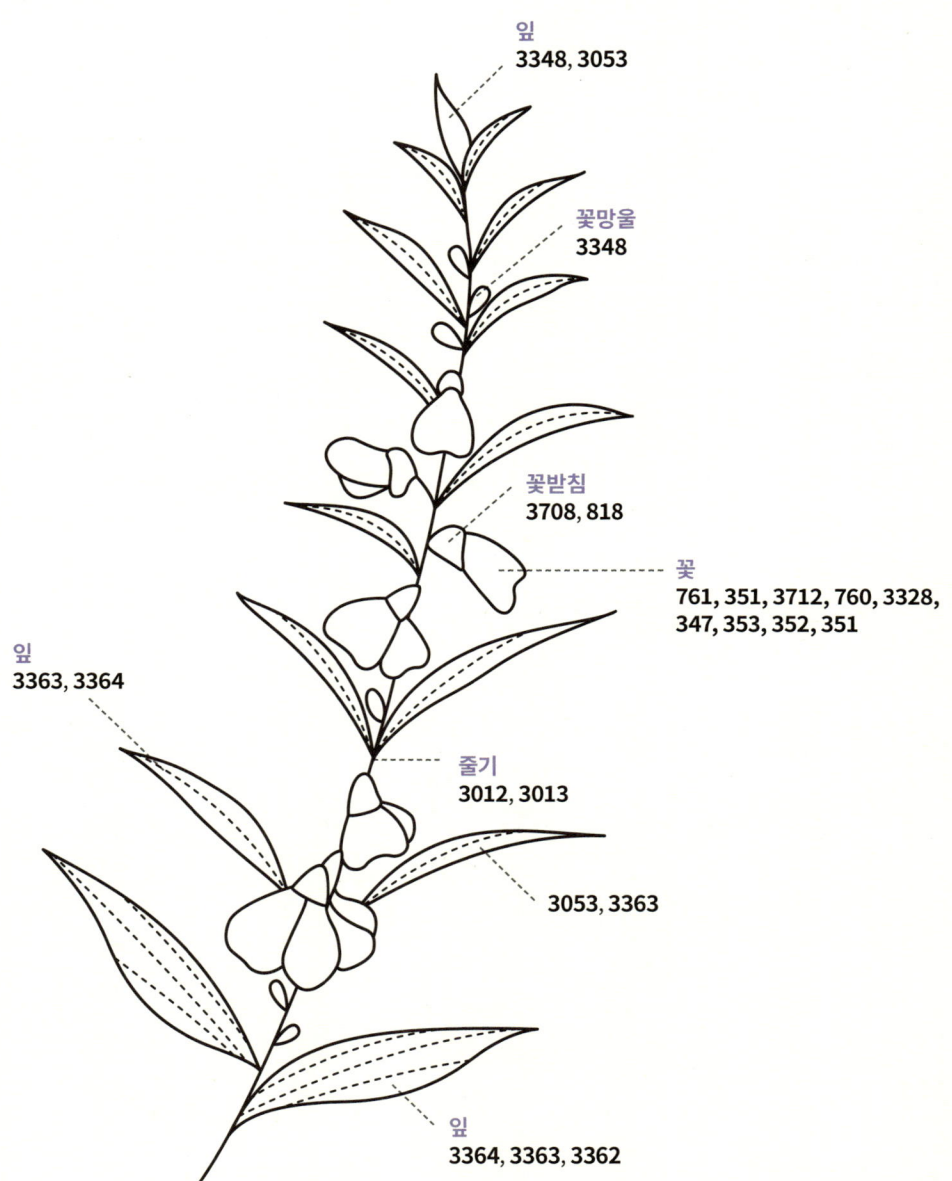

잎
3348, 3053

꽃망울
3348

꽃받침
3708, 818

꽃
761, 351, 3712, 760, 3328,
347, 353, 352, 351

잎
3363, 3364

줄기
3012, 3013

3053, 3363

잎
3364, 3363, 3362

꽃

1 꽃받침을 먼저 수놓습니다. 각각의 모양에 맞게 수결을 찾아서 기준선을 표시합니다.

2 두 가지 색으로 명암을 표현합니다. 진한 색으로 자련수를 1단 놓습니다.

Tip 작은 꽃받침과 삼각형 모양 꽃받침은 평수로 채워도 됩니다.

3 꽃받침의 남은 부분을 밝은 색으로 채운 후 꽃잎에 수결을 표시합니다.

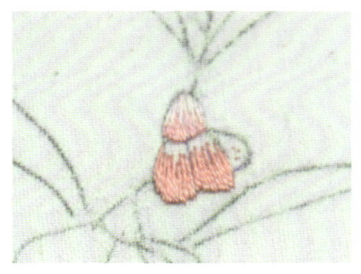

4 두 가지 색을 사용해 꽃잎을 자련수로 놓습니다. 꽃잎 끝은 밝고, 꽃받침 쪽은 진하게 그러데이션 할 것입니다. 표시한 수결에 맞춰 밝은 색 실로 자련수를 1단 놓습니다.

5 나머지 부분을 진한 색으로 채웁니다. 뒤에 있는 작은 꽃잎은 평수로 간단히 놓습니다.

6 옆의 꽃과 구분이 되도록 색을 더 진한 색으로 수놓습니다.

Tip 옆의 꽃 색상 중에서 진한 색으로 골라 놓아도 되고, 주어진 꽃의 색에서 다른 색을 사용해도 됩니다.

7 꽃잎이 여러 장 겹쳐있을 때는 각각의 꽃잎 수결에 주의해야 합니다. 꽃잎마다 중심선을 기준으로 표시한 다음 모양에 맞게 완만한 수결을 찾아냅니다.

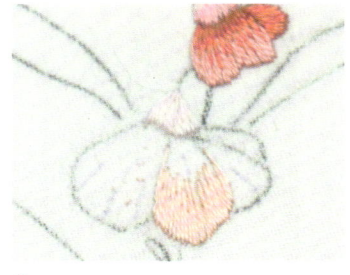

8 가장 위로 앞에 있는 꽃잎이나 제 모양을 모두 드러낸 꽃잎부터 순서대로 놓습니다. 먼저 밝은 색으로 길고 짧은 땀을 반복하는 자련수로 첫 단을 수놓습니다.

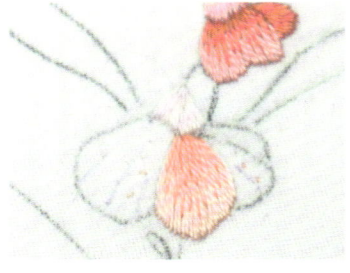

9 첫 단보다 진한 색으로 나머지를 채웁니다.

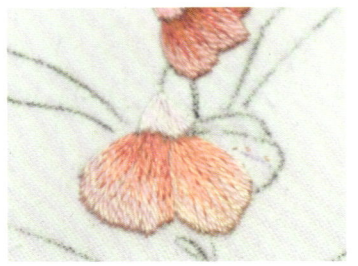

10 옆의 꽃잎도 자련수로 제 수결에 맞춰 수를 놓습니다.

Tip 옆의 작은 꽃잎은 평수로 놓습니다.

11 줄기를 1올 이음수로 놓습니다. 위쪽은 가늘게, 아래쪽 뿌리 부분은 보다 굵게 놓습니다.

Tip 꽃과 꽃 사이에 줄기가 작게 드러난 부분은 땀을 짧게 해서 이음수를 놓으면 모양을 만들기 쉽습니다.

12 작은 타원형의 꽃망울을 1올 평수로 놓습니다.

✿ 잎

13 자련수로 잎을 놓습니다. 큰 잎은 세 가지 색상을 사용하고, 중간 크기의 잎은 두세 가지, 작은 잎은 두 가지 색을 사용합니다. 그중 가장 큰 잎을 예시로 놓아보겠습니다. 잎 모양에 맞게 중심선을 기준으로 잡은 후에 완만한 각도로 세부 수결을 표시합니다.

14 잎 끝에서 줄기 쪽으로 갈수록 점점 색이 짙어지게 명암을 줄 것입니다. 먼저 가장 밝은 색으로 자련수를 놓습니다.

15 그다음 색으로 표시한 수결대로 자련수를 적당히 놓습니다.

16 나머지를 진한 색으로 마무리합니다.

17 위쪽 잎은 휘어진 모습과 옆모습이라 수결을 찾을 때 더 주의해야 합니다. 수결을 찾을 때는 잎 모양대로 따라가되, 잎 모양을 세심히 살펴 가장 덜 휘어지는 각도를 찾아냅니다. 다음으로 중심선을 표시하고 세부 수결을 나누어 표시합니다(도안의 점선을 참고합니다).

18 표시한 수결대로 자련수를 놓습니다.

Tip 자련수로 잎의 모양을 표현하기 어려우면 가름수로 놓아도 됩니다.

처음 배우는 우리 꽃 자수

1판 1쇄 발행 | 2016년 5월 30일
1판 8쇄 발행 | 2025년 3월 14일

지은이 정지원
펴낸이 김기옥

편집 라이프스타일팀 이나리, 장윤선
마케터 이지수
지원 고광현, 김형식

사진 한정수(etc.studio 02-3442-1907)
소품협찬 메리앤올리버, 슬로우오브제, 심플라이프, 호호당

디자인 푸른나무디자인
인쇄·제본 현문인쇄

펴낸곳 한스미디어(한즈미디어(주))
주소 121-839 서울시 마포구 양화로 11길 13(서교동, 강원빌딩 5층)
전화 02-707-0337 | 팩스 02-707-0198 | 홈페이지 www.hansmedia.com
출판신고번호 제 313-2003-227호 | 신고일자 2003년 6월 25일

ISBN 978-89-5975-999-6 13630